T0209862

essentials liefern aktuelles Wissen in konzentrierter Form. Die Essenz dessen, worauf es als „State-of-the-Art" in der gegenwärtigen Fachdiskussion oder in der Praxis ankommt.

essentials informieren schnell, unkompliziert und verständlich

- als Einführung in ein aktuelles Thema aus Ihrem Fachgebiet
- als Einstieg in ein für Sie noch unbekanntes Themenfeld
- als Einblick, um zum Thema mitreden zu können

Die Bücher in elektronischer und gedruckter Form bringen das Fachwissen von Springerautor*innen kompakt zur Darstellung. Sie sind besonders für die Nutzung als eBook auf Tablet-PCs, eBook-Readern und Smartphones geeignet. *essentials* sind Wissensbausteine aus den Wirtschafts-, Sozial- und Geisteswissenschaften, aus Technik und Naturwissenschaften sowie aus Medizin, Psychologie und Gesundheitsberufen. Von renommierten Autor*innen aller Springer-Verlagsmarken.

Karl-Heinz Fittkau · Hagen Reinhardt

Burnout und Commitment

Die Stärkung des organisationalen
Commitments als Möglichkeit der
Burnout-Prävention

Karl-Heinz Fittkau
Berlin, Deutschland

Hagen Reinhardt
Berlin, Deutschland

ISSN 2197-6708   ISSN 2197-6716 (electronic)
essentials
ISBN 978-3-658-41094-0   ISBN 978-3-658-41095-7 (eBook)
https://doi.org/10.1007/978-3-658-41095-7

Die Deutsche Nationalbibliothek verzeichnet diese Publikation in der Deutschen Nationalbibliografie; detaillierte bibliografische Daten sind im Internet über http://dnb.d-nb.de abrufbar.

Planung/Lektorat: Rolf-Günther Hobbeling
Springer Gabler ist ein Imprint der eingetragenen Gesellschaft Springer Fachmedien Wiesbaden GmbH und ist ein Teil von Springer Nature.
Die Anschrift der Gesellschaft ist: Abraham-Lincoln-Str. 46, 65189 Wiesbaden, Germany

Was Sie in diesem *essential* finden können

- Eine Erklärung, was Burnout ist und wie weit Burnout in der Arbeitswelt verbreitet ist
- Eine komprimierte Beschreibung der Ursachen von Burnout wie auch der Symptomatik; wie kann man Burnout-Gefährdungen bei Mitarbeitern erkennen
- Eine Skizzierung des Verlaufs von Burnout
- Ein Grundverständnis zu Commitment, insbesondere zum organisationalen Commitment
- Einen Überblick darüber, inwieweit ausgeprägtes organisationales Commitment auf Burnout-Gefährdungen abschwächend wirkt
- Hinweise, wie Führungskräfte organisationales Commitment stärken und somit Burnout-Gefährdungen ihrer Mitarbeiter reduzieren können

Inhaltsverzeichnis

Über die Autoren

Prof. Dr. Dr. Karl-Heinz Fittkau lehrt Führungslehre an der Hochschule für Wirtschaft und Recht in Berlin. Davor war er 37 Jahre Polizeivollzugsbeamter und hat über viele Jahre als Beamter des höheren Dienstes größere Personalkörper geführt.

Hagen Reinhardt (M. A.) ist Kriminalrat im Bundeskriminalamt. 2022 absolvierte er an der Deutschen Hochschule der Polizei den Studiengang „Master of Public Administration – Police Management", in welchem er sich vertiefend mit der Thematik Personalführung in der Polizei auseinandersetzte.

Abkürzungsverzeichnis

CBI	Copenhagen Burnout Inventory
ICD	Internationale statistische Klassifikation der Krankheiten und verwandter Gesundheitsprobleme
IFA	Institut für Arbeitsschutz der Deutschen Gesetzlichen Unfallversicherung
MBI	Maslach Burnout Inventory
OC	organisationales Commitment
OCA	affektives organisationales Commitment
OCC	kalkulatorisches organisationales Commitment
OCN	normatives organisationales Commitment
OLBI	Oldenburg Burnout Inventory
SBI	Spanish Burnout Inventory

Das Problem und Einleitung

1

Psychische Belastungen sind ein Thema, das in den letzten Jahren zunehmend an Bedeutung im Rahmen von arbeitsgesundheitlichen Betrachtungen gewonnen hat. Burnout steht als fast ubiquitär genutzter Modebegriff stellvertretend für das neue gesellschaftliche Bewusstsein der Bedeutung mentaler Gesundheit im Privat- wie Arbeitskontext. Der Begriff wird jedoch häufig undifferenziert für eine ganze Reihe von Ermüdungssymptomen im alltäglichen Sprachumgang eingesetzt und gilt als für manche bereits als Modediagnose (Kaschka et al., 2011, S. 781). Dabei blickt die Wissenschaft bei diesem Thema auf fast 50 Jahre intensiver theoretischer und praktischer Forschung zurück, die heute ein relativ konzises Verständnis des Leidens Burnout ermöglicht. Vor allem Berufe, die die Zusammenarbeit zwischen Menschen als zentralen Arbeitsgegenstand haben, gelten als besonders vom Burnout gefährdet. Lehrende, Pflegende und in Sozialer Arbeit Tätige tragen aufgrund regelmäßig hohen persönlichen Investments bei widrigen Arbeitsbedingungen und fehlender Reziprozität ein gesteigertes Risiko sich durch die Arbeit ausgebrannt zu fühlen. Als weitere Berufsgruppen, die ebenfalls durch ihre enge Arbeit mit Menschen und einzigartigen Herausforderungen der arbeitstäglichen Lagebewältigung besonders von Burnout-Risiken betroffen sind, werden auch die Polizei und alle medizinischen Tätigkeiten (ärztliche, pflegerische und medizintechnische) im Krankenhaus wie auch in Praxen angesehen. Zahlreiche nationale und internationale Studien haben dabei die hohe Belastung dieser Berufsgruppen mit Stress und insbesondere Burnout belegt (Beerlage, 2008; McCarty et al., 2019; Torres-Vences et al., 2022).

In diesem *essential* werden einführend im Kap. 2 der Begriff und die Verbreitung von Burnout erörtert. Anschießend hinterfragen wir die Ursachen von Burnout und zeigen, wie man Burnout-Gefährdungen von Beschäftigten erkennen kann. Dazu ist es notwendig, den Verlauf des Burnout-Syndroms zu kennen bzw. sich damit auseinanderzusetzen. Zudem erachten wir es als wichtig, sich

K.-H. Fittkau und H. Reinhardt, *Burnout und Commitment*, essentials, https://doi.org/10.1007/978-3-658-41095-7_1

auch mit dem Gegenstück zu Burnout, mit dem Phänomen des Work Engagement als idealisierten – gewünschten, aber nicht vollends ungefährlichen – Zustand zu beschäftigen.

Der zweite größere Abschnitt (Kap. 3) des *essentials* beschäftigt sich mit dem Phänomen des organisationalen Commitments. Mitarbeiter müssen sich mit den Zielen und Werten ihres Unternehmens bzw. ihrer Behörde identifizieren können. Vieles an Identifikation „läuft von allein", aber eben nicht alles! Man ist zwar stolz darauf, als Arzt in einem Krankenhaus oder als Kriminalist bei einer kriminalpolizeilichen Spezialdienststelle zu arbeiten; dieser Stolz kann jedoch getrübt sein durch eine Gleichgültigkeit von Entscheidungsträgern. Die Befundlage ist eindeutig und wird von uns auch referiert.

Ein Bonmot aus der Personalführung besagt: Man kommt zum Unternehmen bzw. zur Behörde wegen „der Marke", bleibt wegen der Kollegen, geht aber wegen der Führungskräfte. Es ist Aufgabe von Führungskräften, Identifikation zu ermöglichen! Hierzu geben wir abschließend im Kap. 4 Tipps für Führungskräfte wie auch für Mitarbeiter.

Burnout kann in einer modernen Volkswirtschaft wie der deutschen zu einem Problem werden. Leistungs- und Kostendruck treffen zum Teil auf Belegschaften, deren Vorstellungen von Arbeitszeit und Freizeit (Modewort: Work-Life-Balance) nicht immer mit den Anforderungen einer globalisierten Welt übereinstimmen. Soziale Standards werden nicht mehr vordergründig in der westlichen Welt entschieden. Gerade asiatische Gesellschaften streben nach Wohlstand. Hierzu sind sie bereit, lange Arbeitszeiten und extremen Leistungsdruck hinzunehmen. Dies gilt es zu akzeptieren. Gleichzeitig müssen wir uns auf mögliche Folgen einstellen und anstreben, diese zu minimieren. Burnout und seine Kosten können wir nicht vollends verhindern; wir sollten es aber versuchen. Die Führungsforschung hat hierzu einiges geleistet.

Was man über Burnout wissen sollte 2

2.1 Begriff und Verbreitung

Begriff. Die Ursprünge der Konzeptionalisierung des Burnout-Syndroms und der damit zusammenhängenden Forschung führen in die Vereinigten Staaten. Bereits 1974 beschrieb der deutschstämmige amerikanische Psychoanalytiker Herbert J. Freudenberger das Burnout-Phänomen. Freudenberger hatte zu diesem Zeitpunkt vornehmlich Angehörige der Free Clinics in seiner Praxis betreut. Die Free Clinics waren ein Zusammenschluss von Frauenhäusern, therapeutischen Einrichtungen und Kriseninterventionszentren, deren Mitarbeitende vornehmlich dem Bereich der „helfenden Berufe" zuzuschreiben waren. Freudberger stellte sowohl bei seinen Klienten aber auch bei sich selbst eine zunehmende physische und psychische Belastung im Zusammenhang mit der Arbeit fest. Diese äußerte sich durch sowohl körperliche Beschwerden wie Verdauungsprobleme und Schlaflosigkeit, aber auch Verhaltensänderungen, wie zunehmender Gereiztheit. Er führte dies auf die hohe Erwartungshaltung zurück, die Menschen in helfenden Berufsfeldern an sich selbst stellen und die oftmals erlebten Frust-Enttäuschungsmomente, wenn die erwartete Anerkennung für die Arbeit ausblieb. Freudenberger bezeichnete das durch ihn festgestellte und selbst erlebte Syndrom als „Staff-Burnout" (Freudenberger, 1974, 1977, 1986; Waadt & Acker, 2013, S. 17).

Nahezu zur selben Zeit wie Freudenberger untersuchte die Psychotherapeutin Christina Maslach Bewältigungsmechanismen im Zusammenhang mit emotionaler Erregung am Arbeitsplatz. Dabei stieß sie auf verschiedene Verhaltensweisen wie zunehmende innere Distanzierung und brachte sowohl erregungsauslösende

K.-H. Fittkau und H. Reinhardt, *Burnout und Commitment*, essentials,
https://doi.org/10.1007/978-3-658-41095-7_2

Momente als auch Anpassungsmechanismen Mitarbeitender mit Burnout in Verbindung (Maslach & Schaufeli, 1993, S. 2). Maslach sollte sich nachfolgend bis heute als führende Expertin auf dem Gebiet des Burnout-Syndroms etablieren.

In den Folgejahren entwickelte sich ein reges Forschungsinteresse am Burnout-Syndrom. Eine Vielzahl von Veröffentlichungen führte zu einer zunehmenden Weite des Burnout-Konzepts. Gleichzeitig fehlte es an einer einheitlichen definitorischen Eingrenzung der Begrifflichkeit. Die Übersicht in Tab. 2.1 legt knapp zusammengefasst verschiedene Definitionen dar, die in den achtziger Jahren in die Diskussionen zum Burnout-Syndrom einflossen. Die vorgestellten Definitionsansätze zeigen, welch unterschiedliche Dimensionen der Burnout-Begriff zu diesem Zeitpunkt umfasste und teilweise auch noch heute umfasst. Burnout war eher ein Sammelbegriff als eine konkrete phänomenologische oder klinische Beschreibung. Dies wurde in der Forschungsgemeinschaft kritisiert. Die unterschiedlichen Interpretationen des Begriffs liegen zum einen an der auch im Englischen eindrücklichen metaphorischen Wirkung der Begrifflichkeit „ausgebrannt sein", der schnellen Popularisierung der Begrifflichkeit sowie der Tatsache, dass Burnout sich zunächst als soziales Problem entwickelte und erst nach und nach in der Forschung Einzug hielt (Enzmann & Kleiber, 1989, S. 18). Es wurde daher eine Vielzahl von in der Praxis festgestellten Phänomenen mit dem Wort Burnout beschrieben. Kritik wurde zudem dahingehend geäußert, dass die bis dahin unternommene Forschung mehrheitlich nicht empirisch, sondern anekdotisch erfolgte (Burisch, 2014, S. 14 f.; Maslach, 1982, S. 36 f.; Maslach & Schaufeli, 1993, S. 4; Savicki & Cooley, 1983, S. 228 f.).

Auch nach dem Wandel von zunächst „feuilletonistischer" Forschung zum Thema Burnout in den siebziger Jahren über eine „simplistisch-empirische" Forschungsphase der Achtziger und Neunziger Jahre bis hin zur aktuellen „filigran-empirischen" Forschung (Burisch, 2014, S. 238) hat sich heute keine einheitliche Definition des Begriffs Burnout durchgesetzt. Hingegen wurde das Verständnis der Begrifflichkeit auf weitere Bereiche der Arbeitswelt, wie beim Manager- oder Unternehmensburnout, und auch nicht arbeitsbezogene Kontexte, wie Sport, politischer Aktivismus und Erziehung erweitert (Maslach & Schaufeli, 1993, S. 12; Sullivan, 1979; Waadt & Acker, 2013, S. 18). Daneben kann Burnout sowohl als akuter Zustand als auch als Entwicklungsprozess definiert werden, was die Trennschärfe weiter erschwert.

Burisch präferiert als Essenz vieler verschiedener Definitionsversuche die von Schaufli und Enzmann entwickelte Definition des Burnouts als

„dauerhafter, negativer, arbeitsbezogener Seelenzustand»normaler« Individuen. Er ist in erster Linie von Erschöpfung gekennzeichnet, begleitet von Unruhe und Anspannung (distress), einem Gefühl verringerter Effektivität, gesunkener Motivation und der Entwicklung dysfunktionaler Einstellungen und Verhaltensweisen bei der Arbeit. Diese psychische Verfassung entwickelt sich nach und nach, kann dem betroffenen Menschen aber lange unbemerkt bleiben. Sie resultiert aus einer Fehlpassung von Intentionen und Berufsrealität. Burnout erhält sich wegen ungünstiger Bewältigungsstrategien, die mit dem Syndrom zusammenhängen, oft selbst aufrecht." (Schaufli & Enzmann zitiert nach Burisch, 2014, S. 22).

Tab. 2.1 Übersicht früher Burnout-Definitionen

Übersicht ausgewählter früher Burnout-Definitionen (1981–1987)	
Autor (Erscheinungsjahr)	Definition (Quelle)
Ayala Pines und Elliot Aronson (1983)	Zustand der physischen, emotionalen und mentalen Erschöpfung der typischerweise auftritt als Ergebnis der Arbeit die emotional herausfordernd ist und sich über längere Zeit erstreckt. (Pines & Aronson, 1983, S. 263)
Cary Cherniss (1982)	Verlust an Gemeinschaftssinn und moralischer Verpflichtung (Cherniss, 1982, S. 4 ff.)
Cynthia L. Cordes und Thomas W. Dougherty (1993)	Definitions of burnout include[d] a) to fail, wear out, become exhausted; b) a loss of creativity; c) a loss of commitment for work; d) an estrangement from clients, co-workers, job, and agency; e) a response to the chronic stress of making it to the top; and finally f) a syndrome of inappropriate attitudes towards clients and toward self, often associated with uncomfortable physical and emotional symptoms. (Cordes & Dougherty, 1993, S. 623)
Harvey J. Fischer (1983)	Anspannung und Erschöpfung durch Versuche, bedrohliche Größenwahnfantasien aufrecht zu erhalten (Fischer zitiert nach Enzmann & Kleiber, 1989, S. 22)
Edelwich und Brodsky (1984)	Verlust des Arbeitsvermögens und Pflichtgefühls durch Desillusion (Edelwich und Brodsky zitiert nach Hedderich, 1997, S. 14)
Robert L. Kahn (1987)	Stressreaktion auf Rollenkonflikte, -überforderung und Verantwortung (Kahn zitiert nach Enzmann & Kleiber, 1989, S. 23)

Diese Definition soll an dieser Stelle helfen ein umfassendes Licht auf das Burnout-Syndrom zu werfen. Sie ist aber aufgrund der Komplexität als Arbeitsdefinition nur eingeschränkt geeignet.

Maslach, Leiter und Schaufeli erschufen 2008 selbstbewusst eine aus ihrer Sicht klare Definition des Phänomens: „burnout is a psychological syndrome in response to chronic interpersonal stressors on the job. The three key dimensions of this response are an overwhelming exhaustion; feelings of cynicism and detachment from the job; and a sense of ineffectiveness and lack of accomplishment." (Maslach, Leiter & Schaufeli zitiert in Cartwright & Cooper, 2009, S. 90). Bei dieser Definition ist insbesondere die Erschöpfungsausprägung des Burnout-Syndroms entscheidend, da diese Dimension direkt mit individuellem Stresserleben und -bewältigung der Betroffenen assoziiert wird. Es wird deutlich, dass Stress die Grundbedingung des Burnout-Syndroms ist. Für die weitere Behandlung des Burnout-Syndroms im Rahmen dieses *essentials* wird diese Definition als maßgeblich angesehen. Dies fußt zum einen auf der übersichtlichen Struktur dieser Definition. Zum anderen eignet sich dieser dreidimensionale Ansatz für Führungskräfte, Burnout-Gefährdungen bei Nachgeordneten zu identifizieren. Dieser Ansatz basiert genau auf dem durch Maslach, Leiter und Schaufeli hier dargelegten Verständnis des Burnouts und operationalisiert somit das theoretische Konzept für die Praxis.

Verbreitung von Burnout. Versuche, ein Verständnis für die Verbreitung von Burnout in der Bevölkerung zu entwickeln, sind anhand der vorliegenden Datenlage schwierig. Zwar mangelt es nicht an einer Vielzahl von Untersuchungen zu diesem Thema, gleichwohl lassen sich aufgrund der inflationären Nutzung des Begriffes Burnout, der teils fehlenden Trennschärfe bei der medizinischen Diagnostik sowie der oft kaum vergleichbaren Untersuchungsstichproben wenig valide Aussagen treffen.

Eine Annäherung – unter Beachtung der eben aufgeführten Schwierigkeiten – kann über verschiedene Variablen dennoch erfolgen. Vor allem Versicherungsunternehmen verhelfen im Zusammenhang mit der Prävalenz von Burnout mit Analysen ihrer Daten zu einem validen Ausgangspunkt. Dort wird generell davon ausgegangen, dass psychische Belastungen und Erkrankungen im Arbeitskontext zugenommen haben und als verbreitet gelten. Der DAK-Gesundheitsreport gibt an, dass die Anzahl der Fehltage Arbeitnehmender aufgrund von psychischen Erkrankungen in den letzten Jahren zugenommen hat. Insgesamt machen diese 17,1 % der insgesamt durch die DAK festgestellten Fehltage aus (Marschall et al., 2021, 16 ff.). Anhand von Untersuchungen der AOK ließ sich zudem feststellen, dass die Zahl der Arbeitsunfähigkeitsfälle im Zusammenhang mit Burnout seit 2004 kontinuierlich steigt und im Bezugszeitraum (2004–2019) mit

5,9 Arbeitsunfähigkeitsfällen je 1000 AOK-Mitgliedern ein Höchststand erreicht wurde. Ebenso nahmen die Arbeitsunfähigkeitstage aufgrund von Burnout bei AOK-Mitgliedern kontinuierlich zu (Badura et al., 2020; Meyer et al., 2020, S. 420). Die BKK stellte im Rahmen von Untersuchungen ihrer Versicherungsnehmer fest, dass 1,2 % unter einem Burnout litten. Dabei trat das Syndrom häufig im Bereich der Öffentlichen Verwaltung und im Sozialwesen auf. Auch die BKK verzeichnet seit Erfassung von Burnout im ICD-10 im Jahr 2004 einen konstanten Anstieg von Burnout-Fällen (Kliner, 2015).

Darüber hinaus gibt es verschiedene Studien, die Aussagen zur Verbreitung des Burnout-Syndroms zulassen. Für Deutschland veröffentlichte das Robert Koch-Institut 2012 die Ergebnisse der „Studie zur Gesundheit Erwachsener in Deutschland". Darin wurden zwischen 2008 und 2011 7124 Personen im Alter zwischen 18 und 79 zu ihrer Gesundheit befragt. Der Studie zufolge leiden etwa 11,1 % der erwachsenen deutschen Bevölkerung an chronischem Stress und ca. 4,2 % an einem Burnout-Syndrom. Die Beziehung zwischen chronischem Stress und Burnout wurde auch im Zusammenhang mit dieser Erhebung unterstrichen (Cohrdes et al., 2022, S. 99; Hapke et al., 2013, 750 f.). In einer Untersuchung anhand des MBI mit vergleichsweise kleiner Teilnehmerzahl (n = 101) kam Heidler (2019) zu dem Schluss, dass zwischen ca. 11 und 18 % der arbeitenden Bevölkerung in Deutschland unter Burnout leiden. Einzelne Schätzungen gehen sogar von einer wesentlich höheren Verbreitung von Burnout in Deutschland aus. Demnach könnten zwischen einem Viertel und einem Drittel der berufstätigen Bevölkerung an Burnout leiden (Elsässer & Sauer, 2016, S. 23; Waeldin & Vogt, 2015). Diese Zahlen sind jedoch insgesamt als kaum überprüfbar einzuschätzen.

Die Datenlage im internationalen Vergleich scheint ähnlich inkonsistent. Lindblom et al. (2006) stellten bei einer Untersuchung von 3000 Bewohnern der Region Örebrö (Schweden) im Alter von 20 bis 60 Jahren fest, dass 17,9 % der Befragten an einem hohen Level des Burnout-Syndroms im Sinne von Maslachs Definition litten. Wenig später fanden Boersma und Lindblom (2009), dass in der schwedischen Arbeitsbevölkerung etwa 19 % hohe Werte an emotionaler Erschöpfung und Depersonalisierung aufwiesen und somit das Burnout-Profil Maslachs ebenfalls erfüllten. 7 % zeigten neben diesen Symptomen noch ein niedriges Wirksamkeitsempfinden auf. Schaufeli und Enzmann (1998) schätzten, dass zwischen 3 und 16 % der Beschäftigten im niederländischen Humandienstleistungssektor an ernsthaftem klinischem Burnout leiden. In einer weiteren Untersuchung fanden Bakker, Schaufeli und van Dierendonck (2000), dass 4,2 % der niederländischen Bevölkerung an einem klinischen Burnout litten und 22 % darüber hinaus als Hochrisikogruppe angesehen werden müssten. Maslach selbst schätzte in einem Podcast mit Harvard Business Review, dass etwas etwa 10 % der arbeitenden US-Bevölkerung an einem Burnout-Syndrom mit entsprechend negativen Werten der drei Dimensionen des MBI leiden. Sie räumte dabei ein, dass diese Zahl je nach Organisation und Arbeitsbranche variieren könne (Beard, 2020).

Wie vorangestellt erläutert, ist es insgesamt kaum möglich, ein verlässliches Bild zur Verbreitung des Burnout-Syndroms zu erhalten. Zu stark variieren die Erkenntnisse aus Versicherungsberichten und diversen Studien, sowohl im nationalen als auch internationalen Vergleich und selbst innerhalb einzelner Branchen. Bei amerikanischen Assistenzärzten differierte die Prävalenz zwischen zwei Studien beispielsweise zwischen 18 und 82 % (Känel, 2008, S. 478). Unklar ist auch, ob es tatsächlich zu einem vermehrten Aufkommen von Burnout kommt, oder lediglich die Destigmatisierung des Syndroms, das verstärkte öffentliche Bewusstsein oder ein Paradigmenwechsel von somatischen hin zu psychischen Diagnosen stattfindet (Thalhammer & Paulitsch, 2014, S. 152).

Nachdem dargestellt werden konnte, dass keine eindeutigen Aussagen bezüglich der generellen Verbreitung von Burnout getroffen werden können, bleibt die Frage offen, inwiefern aus soziodemografischer Perspektive Unterschiede in der Entwicklung des Burnout-Syndroms feststellbar sind. Gerade Geschlecht und Alter kommen in diesem Zusammenhang in Betracht.

Soziodemografische Verteilung. Geschlechterunterschiede bei der Verteilung und Ausbreitung von Burnout und Stress waren bereits früh Gegenstand empirischer Untersuchungen. Es besteht breiter Konsens, dass das Geschlecht kein bedeutender Indikator für das Entwickeln eines Burnout-Syndroms ist. So stellten Martocchio und O'Leary (1989, S. 498 f.) in einer Meta-Analyse fest, dass die untersuchten Studien keinen Hinweis darauf gaben, dass es signifikante Geschlechtsunterschiede bei der Wahrnehmung von beruflichem Stress gibt. Aufgrund der engen Beziehung von Stress und Burnout, lässt dies auch auf keine wesentlichen Differenzen bei der Burnout-Ausprägung schließen. Dies deckt sich mit der Einschätzung von Maslach, Schaufeli und Leiter (2001, S. 410). Demnach habe das Geschlecht anhand der empirischen Studienlage keinen signifikanten Einfluss auf die Ausprägungshäufigkeit von Burnout. Lediglich eine geringfügige Korrelation zwischen männlichem Geschlecht und der Ausbildung von Depersonalisierung sei zu beobachten.

Gleichwohl existieren Untersuchungen, die diesen Konsens zumindest anzweifeln. Ahola et al. (2006, S. 13) erkannten bei der Untersuchung einer finnischen Stichprobe (n = 3424), dass Frauen mit Hinblick auf die Burnout-Dimensionen signifikant mehr emotionale Erschöpfung aufweisen. Männer hingegen zeigten eine deutlich stärkere Ausprägung von Zynismus/Depersonalisierung. Zumindest erhöhte Werte emotionaler Erschöpfung bei Frauen konnten auch in anderen Studien aufgezeigt werden (Bakker, Demerouti & Schaufeli, 2002, S. 16). Auch Lindblom et al. (2006, S. 55) stellten in ihrer demographischen Burnout-Studie Unterschiede hinsichtlich des Geschlechts fest. Demnach waren in dem durch das Forschungsteam untersuchten Sample signifikant mehr Frauen von einer hohen Burnout-Ausprägung betroffen.

Aufgrund der immer wieder widersprüchlich erscheinenden Studienergebnisse hinsichtlich Geschlechts und Burnout-Ausprägung führten Purvanova und Muros (2010) eine Metastudie anhand von 183 Untersuchungen zu diesem Thema durch. Das Ergebnis fasst die empirische Datenlage greifbar zusammen. Demnach lässt sich in der Gesamtschau kein signifikanter Unterschied zwischen Männern und Frauen bei der Ausprägung von Burnout feststellen. Durchgängig zeigt sich aber, dass Frauen tendenziell höhere emotionale Erschöpfung aufweisen, dafür geringere Ausprägungen von Depersonalisierung. Diese in vereinzelten Studien festgestellten Unterschiede bei der Ausprägung der Burnout-Dimension werden insgesamt eher auf gesellschaftliche Umstände als auf biologische zurückgeführt. So wird basierend auf der Geschlechterrollentheorie davon ausgegangen, dass es wahrscheinlicher ist, dass Frauen emotionale, aber auch physische Erschöpfung zeigen, da sie dahingehend sozialisiert worden sind. Männer auf der Gegenseite erfahren mehrheitlich eine Sozialisation, bei der Gefühle nicht nach außen getragen werden sollen (Eagly & Wood, 1982; Esser, 2016, S. 11).

Die Datenlage der Versicherungsunternehmen zeigt eindeutig eine höheres Aufkommen von Burnout bei Frauen (Badura et al., 2020, S. 431; Bas, 2021, S. 106). Hierbei ist jedoch zu beachten, dass aufgrund von Männlichkeitsstereotypen, gesellschaftlichen Erwartungshaltungen und fehlender maskuliner Achtsamkeit mit Hinblick auf psychische Erkrankungen Verzerrungen dieser Datenlage zu erwarten sind (Johnson et al., 2012; Seidler et al., 2016; Tedstone Doherty & Kartalova-O'Doherty, 2010). Es muss davon ausgegangen werden, dass Frauen eher dazu neigen, Symptome eines Burnouts zu deuten, anzuerkennen und entsprechend medizinische Hilfe in Anspruch zu nehmen. Insgesamt wird daher die zuvor bereits dargestellte Erkenntnis unterstrichen: Es lassen sich keine signifikanten Unterschiede zwischen Männern und Frauen in der Gesamtausprägung des Burnout-Syndroms feststellen.

Die Erkenntnislage hinsichtlich des Zusammenhangs zwischen Burnout und Alter ist komplexer als bei der Betrachtung der Geschlechterunterschiede. Es gibt einige Studien die verdeutlichen, dass Burnout eher im jüngeren Alter auftritt (Maslach et al., 2001, S. 410; Tanculescu-Popa, 2020, S. 143). Andere Untersuchungen wiederum zeigen, dass Burnout eher bei älteren Studienteilnehmern ausgeprägt war (Ahola et al., 2006, S. 15; Lindblom et al., 2006, S. 55).

Weitere Forschungsergebnisse lassen darauf schließen, dass es nicht genügend signifikanten Unterschiede zwischen unterschiedlichen Altersgruppen gibt (Bakker et al., 2002, 13 f.). Auch bei dieser demographischen Blickrichtung lohnt sich neben der empirischen Studienlage ein Blick in die durch Versicherungsunternehmen veröffentlichten Daten. So konnte die AOK feststellen, dass die Zahl der Arbeitsunfähigkeitstage der Versicherungsnehmenden aufgrund von Burnout vom Berufseinstiegs- bis zum Rentenalter deutlich steigt (Badura et al., 2020, S. 431). Die der DAK vorliegenden Informationen stützen diese Ergebnisse (DAK, 2019, S. 10). Die BKK-Daten für dort Versicherte zeigen hingegen, dass die meisten Burnout-Meldungen zwischen 30 und 54 Jahren eingereicht werden. In den Altersgruppen nahe dem Berufseinstieg bzw. der Berentung fallen diese deutlich ab (Kliner, 2015, S. 39).

Es gibt verschiedene Ansätze, um das Auftreten von Burnout in verschiedenen Phasen des Berufslebens zu erklären. So ist es einerseits möglich, dass junge Berufseinsteigende besonderen Herausforderungen bei der Bewältigung des Arbeitslebens und der neu an sie gestellten Anforderungen ausgesetzt sind. Gleichzeitig ist vorstellbar, dass gerade junge Burnout-Patienten früh aus dem Berufsleben ausscheiden und so Gesamt-Altersstatistiken verzerren. Mit zunehmendem Alter treten hingegen wahrscheinlich eher durch private Verpflichtungen entstandene Stressoren auf, die zusätzlich zu beruflichen Krisen emotionale Erschöpfung befördern können. Es wird deutlich, dass eine allgemeine Aussage zur Altersverteilung von Burnout nicht getroffen werden kann. Es scheinen zu viele Variablen im Zusammenhang mit diesem Syndrom und Beruf- wie Lebensalter eine Rolle zu spielen.

2.2 Ursachen und Risikofaktoren

Da das Burnout-Syndrom wie zuvor beschrieben definitorisch eher ein vages Konzept ist und verschiedene Dimensionen aufweist, greifen monokausale Ansätze als Erklärung zu kurz. Burnout wird sowohl durch individuelle als auch Umweltfaktoren beeinflusst (Leiter & Maslach, 1988, 298 f.). Burisch (2014, S. 131) stellte vereinfacht fest „Burnout kann individuell durch fast alles ausgelöst werden, was einem Individuum »gegen den Strich geht« – und trotz aller Anstrengungen nicht abzustellen ist." Obwohl diese Aussage die Menge der Burnout-Ursachen schier unendlich erscheinen lässt, ist es möglich eine Kategorisierung gewisser Ursachenkomplexe vornehmen.

Stress. Trotz der zuvor beschriebenen Differenzen in der Forschung mit Hinblick auf die Definition des Burnout-Syndroms besteht bei der maßgeblichen

Ursache Einigkeit. Erschöpfungsempfinden spielt die zentrale Rolle bei der Entwicklung von Burnout (Burisch, 2014, S. 73; Cartwright & Cooper, 2009, 98 f.; Cordes & Dougherty, 1993, 625 f.; Freudenberger, 1974; Hättenschwiler et al., 2012, S. 353; Mendel, 1979, S. 82; Schaufeli, 2021; Waadt & Acker, 2013, S. 18). Dabei wird die Erschöpfung als Ergebnis von Stressbelastungen beschrieben. In diesem Zusammenhang wird jedoch angemerkt, dass Stress nicht als einzelne unabhängige Variable Burnout erklären kann (Burisch, 2014, S. 73). Eine Vielzahl von Menschen ergreift Berufe, die gemeinhin mit hohem Stress assoziiert werden. Dennoch tritt Burnout nicht bei allen Arbeitenden gleichermaßen auf. Stress ist demnach nicht mit Burnout gleichzusetzen (Sendera & Sendera, 2013, S. 113).

Es gilt daher ein näheres Verständnis für den Zusammenhang von Stress und Burnout zu entwickeln. Burnout wurde zeitweise selbst als besondere Form von Stress definiert (Cordes & Dougherty, 1993, S. 625). Schuler (1980, S. 189) beschreibt Stress als dynamischen Zustand, bei dem ein Individuum beim Verfolgen eines begehrten Zieles mit einer Möglichkeit, einer Einschränkung oder einer Herausforderung konfrontiert ist. Der Umgang hiermit ist dabei mit Ungewissheit verbunden und wird zu bedeutenden Ergebnissen für die Bedürfnisse der Betroffenen führen. Ganster und Rosen (2013, S. 1088) fassen Stress in drei denkbare Konzepte zusammen. Stress kann a) als ein Merkmal der Umwelt, dass auf ein Individuum einwirkt; b) als die physiologische, psychologische und behaviorale Antwort eines Individuums auf äußerliche Herausforderungen, Bedrohungen oder Anforderungen oder c) die Interaktion zwischen a und b betrachtet werden.

Psychologische und physiologische Stressreaktionen sind evolutionär vorprogrammierte Mechanismen und daher nicht per se krankhaft. Der Mensch reagiert mit Stress auf natürliche Weise auf externe oder interne Belastungen. Maßgeblich für das Verständnis der Stressreaktion ist das von Lazarus entwickelte Stressmodel. Demnach kategorisieren Individuen zu bewältigende Situationen in einer Erstbeurteilung (primary appraisal) hinsichtlich der Auswirkungen für sie. Situationen können demnach irrelevant sein, d. h. sie haben keine positiven oder negativen Konsequenzen für das Individuum. Sie können zudem gutartig-positiv sein und somit Vorteile für das Individuum mit sich bringen. Die dritte, hier relevante Beurteilung kategorisiert die Situation als stressvoll. Stressbeurteilungen unterscheiden sich in Schaden und Verlust, Bedrohung oder Herausforderung. Schaden/Verlust bezieht sich auf bereits eingetretene physische oder psychisch-emotionale Beeinträchtigungen (bspw. eine Verletzung oder Kränkung). Bedrohung und Herausforderung sind hingegen auf die Zukunft gerichtete Bewertungen. Während Herausforderungen als Chancen eines Gewinns gesehen werden, sind Bedrohungen das Antizipieren von Schaden und Verlust. Herausforderungen und Bedrohungen schließen sich dabei nicht aus. So können berufliche Aufstiege gleichzeitig als Chance auf Erweiterung persönlichen Einflusses sowie als Gefahr überfordernder Arbeitsbelastung bewertet werden. Auf diese Bewertung erfolgt in der Regel unmittelbar eine Stressbewältigungsreaktion (secondary appraisal) durch bewusste oder unbewusste Handlungen (Lazarus & Folkman, 1984, 33 f.).

Das Stressbewältigungsverhalten kann von Person zu Person variieren, da Stress individuell wahrgenommen, verarbeitet und bewältigt wird. Persönliche Erfahrungen und Einstellungen können hier genauso wie erbliche Veranlagungen eine Rolle spielen (Rein & Keck, 2017b, S. 169; Waeldin & Vogt, 2015, S. 7). Problematisch ist, dass die menschliche Stressreaktion entwicklungsbedingt auf akute Herausforderungen ausgelegt ist und somit andauernde Belastungen nur bis zu einem gewissen Grad kompensieren kann (Waadt & Acker, 2013, S. 26). Chronischer Stress überfordert die gewöhnliche Stressregulation jedoch und kann somit zu einer erhöhten Konzentration von Stresshormonen im menschlichen Gehirn führen. Dies wiederum wird als begünstigend für Burnout gesehen (Keck, 2016, S. 11). Im Kontext permanenter Stressbelastungen kann Burnout in diesem Sinne als „letzte Stufe in einer ganzen Kette von erfolglosen Versuchen zur Bewältigung negativer Stressbedingungen angesehen werden." (Korczak et al., 2010, S. 15).

Gerade die heutige Arbeitswelt jedoch wird durch die andauernden Belastungen als ursächlich für chronischen Stress angesehen. Dies erweitert den Blick vom individuellen Stresserleben hin zur Betrachtung von Arbeits- bzw. Organisationstress. Rollenkonflikte, mangelnde Selbstbestimmtheit, zu hohe Vorgaben aber auch soziale Konflikte in einer Organisation können dauerhaften Stress neben akut auftretenden und verarbeitbaren (Arbeits-)Belastungsspitzen hervorrufen. In Anlehnung an die zuvor aufgeführte Kritik Burischs an einem zu einfachen Verständnis von Stress als Ursache von Burnout konstatiert Keck (2016, S. 12) in diesem Zusammenhang: „Die Tatsache, viel leisten und arbeiten sowie hohe Anforderungen erfüllen zu müssen, löst nicht zwangsläufig krank machenden Stress aus. Solange ein hohes Maß an Kontrolle über die Arbeit und die private Situation besteht, ist sie deutlich weniger stressreich und gesundheitsschädlich. Krank machend und auslaugend ist offenbar das subjektive Gefühl, nichts ändern zu können beziehungsweise nicht an Entscheidungen beteiligt zu sein." Die Ursachen des Burnout-Syndroms sind also nicht monokausal zu betrachten, sondern sind ein multifaktorielles Konstrukt aus individuellen (biologischen/persönlichkeits-) und vor allem arbeitsbezogenen Umweltfaktoren. Aber auch gesellschaftliche Umstände wie allgemeine Erwartungshaltungen gegenüber gewissen Berufs- und Personengruppen können eine Rolle spielen. **Risikofaktoren.** Im Rahmen des multifaktoriellen Ursachenansatzes gibt es spezifische Risiken, die das Ausbilden eines Burnout-Syndroms befördern. Individuelle Persönlichkeitsvariablen und Biologie (bspw. physische Fähigkeiten zur Stressbewältigung) genauso wie situativer bzw. Arbeitskontext von Stress spielen eine zentrale Rolle. Nachfolgend werden Risikofaktoren überblicksmäßig entsprechend dieser Kategorien dargestellt. Die Darstellungen orientieren sich dabei an bereits erarbeiteten Schemata von Litzcke und Schuh, Scherrmann sowie Enzmann und Kleiber. Diese wurden durch entsprechend der vorliegenden Literatur ergänzt und angepasst. Eine explizite Aufführung biologischer Risikofaktoren unterbleibt an dieser Stelle. Es ist wissenschaftlich unstrittig, dass Menschen aufgrund ihrer genetischen Beschaffenheit individuell unterschiedlich belastbar sein können. Allerdings fehlen beim Burnout bisher – im Vergleich zu anderen psychischen Phänomenen – die wissenschaftlichen Nachweise für biologische Risikokonstellationen (Thalhammer & Paulitsch, 2014, S. 155).

a) *Persönliche Risikofaktoren (Burisch, 2014, 172 f.; Litzcke & Schuh, 2010, 160 f.; Scherrmann, 2015, 34 f.)*
- Allgemeine Persönlichkeitsmerkmale:
  - Neurotizismus/emotionale Instabilität (bspw. erhöhtes Angstempfinden, Neigung zu Sorgen und depressiven Verhaltensmustern)
  - Negative existenzielle Grundposition/labiles Selbstbild
  - Schuldanfälligkeit, Neigung zu zwanghaftem Verhalten, starke interne Kontrollüberzeugung (negative Ereignisse werden verstärkt dem eigenen Willen/Fähigkeiten zugeschrieben) (Enzmann & Kleiber, 1989, S. 50)
  - Ungeduld und geringe Belastbarkeit
  - Bedürfnis, eine Wirkung bei Menschen zu erzielen
  - Schwierigkeiten beim Ausdruck und der Kontrolle von Emotionen (Maslach, 2003, 62 ff.)
  - Gestörte narzisstische Persönlichkeitsstruktur (Sendera & Sendera, 2013, S. 113)
- Spezielle Persönlichkeitsstrukturen:
  - „Helfersyndrom" (Enzmann & Kleiber, 1989; Schmidbauer, 2018)
  - Zurückstellen persönlicher Bedürfnisse und Interessen zugunsten des übergeordneten Ziels
  - Selbstüberforderungs- und Verausgabungstendenz
  - Tendenz zur zu starken Involviertheit

- Besonderheiten des Weltmodells:
  - Berufs- und Lebensmythen, die Arbeit, Arbeitswille und -fähigkeit in das Zentrum des Lebenskonzepts rücken.
- Fähigkeiten und Defizite:
  - Ausbildungsdefizite, Unvermögen Mitmenschen Grenzen zu setzen, geringe Leistungsfähigkeit
- Defensive Bewältigungsstrategien (Cherniss, 1980b; Guditus, 1981):
  - Flucht in Rückzugsverhalten, Zynismus
  - Emotionale Distanz
  - Rigidität
  - Dysfunktionale Bewältigung intrapsychischer Anforderungen (Schnegl-berger, 2010, S. 40)

Es wird deutlich, dass eine Vielzahl ungesunder Einstellungen und Verhaltenswei-sen Burnout auf persönlicher Ebene begünstigen kann. In diesem Zusammenhang darf die Bedeutung der Entwicklung der Persönlichkeit und frühe Traumatisie-rung nicht unterschlagen werden. Prädispositionen für einen negativen Umgang mit Stress, überhöhte Ansprüche an die eigene Leistungsfähigkeit und die Verar-beitung von Rückschlägen können bereits ab dem frühen Kindesalter bspw. durch elterliche Prägung entstehen. Gerade Vernachlässigung oder das Verdienen von Zuneigung durch Leistung können hier relevante Faktoren sein. Solch negative existenzielle Grundpositionen und ein labiles Selbstbild können hier einschlägig sein (Burisch, 2014, S. 177; Sendera & Sendera, 2013, 110 f.).

Häufig werden Burnout-Persönlichkeiten in der Populärwissenschaft als Per-sonen mit besonders hoch ausgeprägtem Arbeitsethos dargestellt. Diese Position ist allerdings strittig. So beschrieb Freudenberger 1980 zunächst hochambitio-nierte, charismatische Idealisten als besonders anfällig für Burnout. 1982 fügte er jedoch auch eher leistungsschwache, passive und besonders zuwendungsbedürf-tige Individuen als Risikogruppe hinzu. Zu letzterem vergleichbare Einschätzung hatte auch bereits früh Maslach vorgenommen (Burisch, 2014, S. 172).Eine aktuelle Studie Leiters und Maslachs (2016) identifiziert anhand der Ausprägun-gen der drei Burnout-Dimensionen (emotionale Erschöpfung, Depersonalisierung und Zynismus, reduziertes Wirksamkeitserleben) insgesamt fünf Burnout-Profile, die im Zusammenhang mit Persönlichkeit und entsprechender Ausprägung des Burnout-Syndroms stehen können: das klassische Burnout Profil, ein überlaste-tes Profil (overextended), ein von der Arbeit abgewandtes Profil (disengaged), ein Unwirksamkeitsprofil (ineffective) und ein engagiertes Profil (engaged). Das klassische Burnout-Profil und das Engagement-Profil stellen die zwei extreme Enden der Ausprägungen der drei Burnout-Dimensionen. Die anderen Profile haben verschieden stark ausgeprägte Erschöpfungs-, Zynismus und Wirksamkeitswerte. Dies zeigt das sehr individuelle Erleben von Burnout-Dimensionen und sich daraus ergebend die Notwendigkeit maßgeschneiderter Interventionsansätze. Aufgrund solcher Studien ist jedenfalls das Bild zu verwerfen, dass Burnout ausschließlich mit „Heroen der Arbeit" (Scherrmann, 2015, S. 34) assoziiert werden kann.

b) *Arbeitsbezogene Risikofaktoren* (Enzmann & Kleiber, 1989, S. 31)
- Psychologische Arbeitsplatzmerkmale:
  - Kognitiv: mangelnde Autonomie und Vielfalt, Überbeanspruchung, Unterforderung
  - Emotional: fehlende Bedeutsamkeit, Selbstverwirklichung und Entwicklung
- Umgebungsbedingungen:
  - Starre Strukturen, Lärm, mangelnder zur Verfügung stehender Raum, starker Zeitdruck
  - Mangelnde Fähigkeit zur Beeinflussung vorgegebener Strukturen
- Soziale Arbeitsplatzmerkmale:
  - zu hohe Anzahl der Kunden/Dienstleistungsempfänger, belastete Beziehung und Probleme mit diesen
  - negative Arbeitsbeziehung zu Kollegen, mangelnde Unterstützung durch diese und problembehaftete Arbeitsteilung, schlechte Teamarbeit
  - belastende Mikropolitik
  - fehlende Rückmeldung, Unterstützung, und Belohnung von Vorgesetzten
- Organisationale Arbeitsplatzmerkmale:
  - Belastender Bürokratismus; redundante oder inhaltsleere Schreibarbeiten, Kommunikations- und Effizienzprobleme aufgrund von Hierarchien
  - Übermaß an politischen oder rechtlichen Vorschriften und Vorgaben, fehlende Einflussnahme- bzw. Partizipationsmöglichkeiten
  - Rollenkonflikte, Rollenambiguität und Statuskonflikte (Schwab & Iwanicki, 1981)
  - Schlechte Arbeitsorganisation und mangelnde Ressourcen (Maslach, 1982, 15 ff.)
  - Mangelnde distributive (Belohnung) und prozedurale (Kontrolle) Gerechtigkeit (Esser, 2016, S. 18)
  - Dysfunktionale Organisationskommunikation und daraus resultierende Arbeitsbindungs- und Arbeitsbeziehungsstörungen (Kutz, 2018)
- Mangelnde Arbeitsplatzzufriedenheit (David Harrison, 1980)

Zweifelsfrei kann dauerhafter, überlastender Arbeitsstress in den hier dargelegten Ausprägungen unmittelbare psychische und physische Stressreaktionen wie Reizbarkeit, Anspannung und/oder Schlaflosigkeit hervorrufen. Die Entwicklung eines Burnout-Syndroms hängt in der Folge davon ab, welche Bewältigungsstrategien Betroffene wählen. Meidungsverhalten, emotionale und psychische Distanzierung von der Arbeit, Minderung eigener Ansprüche und Verantwortungsübertragung auf Dritte sind Formen risikobehafteter intrapsychischer Bewältigungsmechanismen, die zum Burnout führen können (Enzmann & Kleiber, 1989, S. 42). Die Wechselwirkung zwischen ungünstigen Arbeitsbedingungen und vulnerabler Persönlichkeit wird deutlich.

Diverse Studien konnten belegen, dass Burnout-Erkrankte häufiger berichten in einer dysfunktionalen oder schlechten Arbeitsumgebung tätig zu sein. So konnte beispielsweise nachvollzogen werden, dass die Bewertung von Zusammenarbeitsqualität, Vorgesetztenfeedback und -unterstützung sowie die Anerkennung von Arbeitsleistung deutlich zwischen Gesunden und an Burnout erkrankten Mitarbeitenden unterscheiden. Schlechtes organisationales Klima, wenig sinnstiftende Arbeit und subjektiv fehlende Reziprozität für erbrachte Leistung (Gratifikationskrisen) werden daher als Prädikatoren für die Entwicklung eines Burnout-Syndroms gesehen, da sie Selbstwertgefühle und Kompetenzgefühle untergraben. Auf der Gegenseite können eine unterstützende Arbeitsatmosphäre, herausfordernde, den persönlichen Ressourcen angepasste Arbeit vor Burnout schützen bzw. den Genesungsprozess unterstützen (Kalimo et al., 2003, S. 120; Schaufeli et al., 1996, S. 233; Siegrist, 2013, 35 f.). Es bleibt jedoch zu unterstreichen, dass diese Studien auf Selbstauskünften beruhen und somit nicht ausgeschlossen werden kann, dass von Burnout Betroffene möglicherweise zu einer negativeren Bewertung ihrer Arbeitsumstände neigen. Eine Beziehung zwischen Arbeit, Persönlichkeitsvariablen und dem Risiko für Burnout besteht dennoch zweifellos.

c) *Situative Faktoren* (Litzcke & Schuh, 2010, S. 161)
- Kritische Ereignisse
  - Krankheit, schwere Demütigung, Zerwürfnis mit wichtiger Person
  - Berufseintritt, Wechsel Vorgesetzte, Arbeitslosigkeit
- Situativ und von Arbeit unabhängig auftretende Gefühle von Kontrollmangel, Informationsmangel und Machtlosigkeit
- Hilflosigkeit beim Vermeiden, Verändern oder Verlassen einer kritischen Situation

Grundsätzlich kann Burnout als Kontinuum, als gradueller Erkrankungsprozess verstanden werden, sodass es schwierig ist, einen konkreten Zeitpunkt des Vorliegens des Leidens zu definieren (Schwab & Iwanicki, 1981, S. 9). Nichtsdestotrotz können einzelne auslösende Momente zu einer situativen Belastung führen, die das Leiden augenscheinlich werden lassen. Dabei sind situative Faktoren möglich, aber nicht notwendig für das Entwickeln und akute Erleben des Burnout-Syndroms. Burisch (2014, S. 154) beschreibt darüber hinaus, dass ein als Zäsur empfundener Einschnitt im bisherigen Lebenswandel als auslösendes Moment einer Burnout-Entwicklung infrage kommt, wie beispielsweise die Übernahme einer neuen beruflichen Funktion oder der Eintritt in das Berufsleben.

Gesellschaftliche Ursachen. Arbeit aber auch die private Lebensgestaltung werden durch gesellschaftliche Rahmenbedingungen bestimmt. Dementsprechend hatte jede gesellschaftliche Epoche profunde Auswirkungen auf die Lebenswirklichkeit der Menschen, von der Agrar- über Industrie- hin zur Dienstleistungsgesellschaft. Mit dem Gesellschaftswandel einher gingen Veränderungen der Ansprüche an Arbeit: von Selbstgestaltung des mühseligen Ackerbaualltags über maschinenartige Produktivität der Menschen unter Missachtung der Individualität im Industriezeitalter hin zur vermeintlich flexiblen Selbstverwirklichung der modernen Arbeitswelt (Elsässer & Sauer, 2016, 26 ff.). Dies ist jedoch kein Trend der zweifelsfrei linear in eine bessere Arbeitswelt führt. Objektiv betrachtet sind heutige Arbeitsumstände signifikant besser als im Agrar- oder Industriezeitalter. Gleichwohl weist die moderne Arbeitswelt deutliche Auswirkungen auf unsere Psyche auf. Unter Hinweis auf die stetig steigende Zahl neuronaler Erkrankungen definiert Byung-Chul Han (2015) in seinem gleichnamigen Buch die heutige Gesellschaft zur Burnout Society. Unter Betrachtung psychosozialer, soziokultureller und anthropologischer Aspekte kommt Han zu dem Schluss, dass heutzutage eine Unfähigkeit existiert mit negativen Erfahrungen im Angesicht einer exzessiv-positivistischen Gesellschaft mit freier Verfügbarkeit von Gütern umzugehen. Daraus resultierendes Stress- und Erschöpfungsempfinden ist nicht mehr individuell, sondern ein gesamtgesellschaftliches, sozio-kulturelles Problem. Auf vergleichbare Weise wird der jetzige Gesellschaftszustand auch als „Zeitalter der Erschöpfung" bezeichnet (Schwazer, 2019, S. 26).

Mehrere Entwicklungen werden für die moderne gesellschaftliche Erschöpfung verantwortlich gemacht. Diese können teilweise unter dem Rubrum der Megatrends zusammengefasst werden: Wissensgesellschaft, Globalisierung, Digitalisierung, Flexibilisierung. Eine tiefe Erläuterung dieser Trends und deren wechselseitiger Auswirkungen auf Arbeitswelt, Arbeitende aber auch den privaten Lebensbereich würde an dieser Stelle zu weit führen. Es lässt sich aber zusammenfassen, dass Informationen und Wissen zentrale Ressourcen im heutigen Wirtschaftskreislauf sind. Sowohl im Arbeits- als auch im Privatbereich erhält der Umgang mit Informationen und Wissen eine erhöhte Bedeutung. Mangelnder Zugang zu Wissen, die begrenzten kognitiven Fähigkeiten zur Bewältigung moderner Informationsmengen und Unsicherheiten im Umgang mit Daten und Informationen führen zu neuen modernen Stressoren für das Individuum. Diese werden durch das immer häufige gewordene Multitasking und die durch Informationsbedürfnisse regelmäßig unterbrochene Arbeit noch verstärkt. Dabei wird auf Arbeitsebene eine adäquate Anpassung der Arbeitnehmenden an die schnelllebige Informationsgesellschaft erwartet (Kübler, 2009, 194 ff.). Gleichzeitig werden aufgrund von Informationsunsicherheiten unklare Ziele für Arbeitnehmende kommuniziert, die letztlich zu einer toxischen Organisationskommunikation führen (Kutz, 2018, S. 18).

Darüber hinaus hat die zunehmende Vernetzung im Rahmen der Globalisierung zu neuen Arbeitskonzepten und -erwartungen geführt. Diese ermöglichen mehr individuelle Freiheiten, aber auch größere persönliche Verantwortungsübernahme und globale Konkurrenz. Immer häufiger verschwimmen deshalb die Trennlinien zwischen privaten Bereichen und Arbeitswelt. Permanente Erreichbarkeit mittels moderner Kommunikation hat eine neue Erwartungshaltung gegenüber Arbeitnehmenden geschaffen und gerade Leistungsambitionierte können sich der steten Verfügbarkeit für den Arbeitgeber kaum entziehen (Baumann et al., 2018, S. 245 ff.). Gleichzeitig werden ausgeprägtes Engagement und Initiative seitens des Arbeitgebers von Mitarbeitenden erwartet. Die permanente Übernahme neuer Aufgaben und der Verlust des Rückzugsraumes sind mögliche Folgen. Konzepte wie Home-Office stehen dabei symbolisch für die neuen Freiheiten, die gleichzeitig mit der beschriebenen Verquickung zwischen Arbeit und Privatbereich einhergehen. Darüber hinaus kommt es zu einer immer stärkeren Individualisierung. Verantwortung wird persönlicher. Dabei führt Distanzarbeit zu eingeschränkter Teamentwicklung und Verlusten der sozialen Kommunikation. Dies vermindert zwischenmenschliche Verbindlichkeit, Vertrauensbildung und Loyalität (Schwazer, 2019, 29 f.).

Auch gesellschaftliche Werte und Wertewandel tragen zur Burnout Society bei. Lebensentwürfe haben weg von einer engen familiären Bindung hin zu einem Hyperindividualismus geführt. Gerade Berufstätigkeit und das daraus entstehende Einkommen stehen immer häufiger im Lebensmittelpunkt und werden als identitätsstiftend betrachtet (Elsässer & Sauer, 2016, S. 26). Gleichzeitig kann berufliche Instabilität, Arbeitslosigkeit oder ein prekäres Beschäftigungsverhältnis Unsicherheiten und Identitätskrisen hervorrufen. Beruflicher Erfolg und damit assoziierte Eigenschaften wie Leistungswille und -bereitschaft sind

Determinanten des gesellschaftlichen Status. Im Rahmen dieses Kontexts bestand lange ein problematisches Bild von Burnout als Schwäche. Wer dem Arbeitsdruck nicht stand hielt, war schlicht nicht leistungsfähig. Insofern wurden zum Burnout führende Arbeitsstressoren oft lange hingenommen, bis es zum akuten Krankheitsfall kam. Aus soziologischer Betrachtung kann die gesellschaftliche Zunahme von Depressionen und Erschöpfungsempfinden auf die Ausbreitung einer Kultur zurückgeführt werden, die starke individuelle Autonomie propagiert und im Gegenzug ein hohes Maß an individueller Verantwortung und Selbstverwirklichung abverlangt. Beim Streben nach diesem vorgegebenen Ideal ist das Risiko zu scheitern und damit individuelle Krisen hervorzurufen hoch (Keupp, 2009; Thalhammer & Paulitsch, 2014, S. 156).

2.3 Symptomatik

Aufgrund des zuvor beschriebenen und zum Teil sehr variierenden Verständnisses von Burnout, werden auch eine Vielzahl von Symptomen mit diesem psychologischen Störungsbild in Zusammenhang gebracht. Sowohl psychische als auch physische, sowohl objektiv messbare als auch subjektiv empfundene Krankheitszeichen können mit dem Burnout-Syndrom in Verbindung gebracht werden. Hierbei werden verschiedenste Kategorisierungen, bspw. nach Burnout-Anzeichen auf individueller, intrapersoneller und institutioneller Ebene zur Einstufung vorgenommen. Burisch (2014, S. 26 ff.) hat ca. 130 mit Burnout in Verbindung gebrachte Krankheitsanzeichen zusammengetragen. Eine solch große Menge an Indikatoren erschwert eine effektive Eingrenzung. Solch umfassende Kataloge von Burnout-Symptomen verlieren daher an Aussagekraft (Korczak et al., 2010, S. 16). Eine Schwierigkeit besteht unter anderem darin, dass vor allem viele der physischen und psychosomatischen Symptome auf eine Vielzahl anderer Erkrankungen hindeuten können. Zudem bestehen aus medizinisch-psychiatrischer Perspektive Abgrenzungsschwierigkeiten zu anderen Phänomenen, wie dem chronischen Erschöpfungssyndrom, depressiven Störungen oder Neurasthenie (Schwazer, 2019, S. 17; Thalhammer & Paulitsch, 2014, S. 155). Die nachfolgende Übersicht soll trotz der zuvor genannten Einschränkungen einen kurzen Überblick zu Kategorisierungsmöglichkeiten der mit Burnout in Zusammenhang gebrachten Symptome verschaffen (Tab. 2.2).

Drei differenzierte symptomatische und in der Praxis akzeptierte Ebenen des Burnouts wurden, wie bereits zuvor erwähnt, durch Jackson und Maslach erarbeitet (Maslach & Jackson, 1981). Im Gegensatz zu den anderen in der Übersicht dargestellten Symptomen sollen diese hier näher erläutert werden, da sie für

Tab. 2.2 Kategorisierung
von Burnout-Symptomen

Kategorisierung von Burnout-Symptomen nach Schaufeli und Enzmann (Korczak et al., 2010, S. 16)	
Symptome auf individueller Ebene	• Affektiv z. B. Niedergeschlagenheit • Kognitiv z. B. Hilflosigkeit • Physisch z. B. Kopfschmerzen • Verhalten z. B. Hyperaktivität • Motivation z. B. Begeisterungsverlust
Symptome auf interpersoneller Ebene	• Affektiv z. B. Reizbarkeit • Kognitiv z. B. Zynismus • Physisch, keine Symptome • Verhalten z. B. Aggressivität • Motivation z. B. Desinteresse
Symptome auf institutioneller Ebene	• Affektiv z. B. Arbeitsunzufriedenheit • Kognitiv z. B. Gefühl fehlender Anerkennung • Physisch, keine Symptome • Verhalten z. B. reduzierte Effektivität • Motivation z. B. niedrige Moral

das Verständnis von Burnout im täglichen Führungsgeschäft von herausragender Bedeutung sind. Maslach und Jackson unterscheiden emotionale Erschöpfung (emotional exhaustion), Depersonalisierung (depersonalisation) und persönliche Leistungsfähigkeit (personal accomplishment). Auf diese drei Dimensionen des Burnout-Syndroms wird nachfolgend näher eingegangen.

Emotionale Erschöpfung. Erschöpfung beschreibt den grundsätzlichen Stress den ein Individuum auf Arbeit erfährt und das damit einhergehende Ausschöpfen emotionaler und physischer Ressourcen. Arbeitnehmende haben das Gefühl, sich selbst der Arbeit vollständig hingegeben zu haben und keine weitere Energie aufbringen zu können. Emotional erschöpfte Mitarbeitende haben am Ende des Arbeitstages das Gefühl, aufgebraucht und wortwörtlich ausgebrannt zu sein (McCarty, 2011, S. 812). Diese Dimension des Burnouts wird heute in der Forschung als zentraler Aspekt des Syndroms anerkannt und erfährt die meiste Beachtung. Diverse wissenschaftliche Autoren reduzieren Burnout auf die Erschöpfungsebene (Ahola & Hakanen, 2014, S. 12). Dies wird jedoch durch

Maslach verworfen. Sie sieht emotionale Erschöpfung als notwendiges (Kern-)Symptom des Burnouts an. Jedoch kann mit dieser Variable allein nicht das Gesamtkonstrukt des Burnouts erklärt werden. (Maslach, Leiter & Schaufeli, 2009, S. 98). Emotionale Erschöpfung ist Grundbedingung des Burnouts, da sie jener Beschreibungsgegenstand des Burnout-Syndroms ist, der direkt das individuelle Stressempfinden reflektiert. Aber nur durch das Einbeziehen zumindest einer der beiden anderen Ebenen wird die Verbindung des Individuums zur Arbeit hergestellt (Maslach et al., 2001, S. 402 f.). In diesem Zusammenhang gewinnen die Konzepte der Depersonalisierung und der reduzierten Wirksamkeit bzw. Leistungsfähigkeit Bedeutung.

Depersonalisierung. Emotionale Erschöpfung – so Maslach, Leiter und Schaufeli (2001, S. 403) – wird nicht nur empfunden, sondern ruft auch Reaktionen hervor, die dazu führen, dass man sich kognitiv und emotional von der Arbeit entfernt. Die emotionale Erschöpfung kann wiederum befördern, dass Betroffene im Zusammenhang mit der Arbeit immer weniger auf soziale Situationen, die Bedürfnisse von Mitarbeitenden oder Dienstleistungskunden (z. B. Patienten) eingehen können (Leiter & Maslach, 1988, S. 300). Depersonalisierung wird durch ein zynisches, distanziertes und emotional empfindungsloses Verhalten gegenüber der Arbeitsorganisation und denen, mit denen im Arbeitskontext interagiert wird, beschrieben (Cordes et al., 1997, S. 689). Sie wird in der Forschung teilweise auch mit den Begriffen Zynismus oder Entfremdung gleichgesetzt (Enzmann & Kleiber, 1989, S. 81). Im sozialen Bereich äußert sich dies vor allem durch den Versuch der Betroffenen, immer größere Distanz zwischen sich und ihr berufliches Umfeld zu bringen. Dies geschieht, indem man diesem die individuelle (Persönlichkeits-)Qualität abspricht, um auf diese Weise (auch emotional) weniger interagieren zu müssen. Es wird einfacher, mit dem empfundenen Stress und den Herausforderungen der Arbeit umzugehen, wenn man das Gegenüber als unpersönlichen Gegenstand und nicht als individuelle Personen betrachtet. Distanzierung als emotionale Reaktion ist als Stressreaktion bereits hinreichend wissenschaftlich erforscht. Dabei ist erkennbar, dass die Wirkrelation auch gegenteilig besteht. Depersonalisierendes Verhalten führt zu emotionaler Erschöpfung (Leiter & Maslach, 1988, S. 306; Maslach et al., 2009, S. 100). Der Oldenburg Burnout Inventory (OLBI) bspw. betrachtet daher exklusiv diese beiden Dimensionen des Burnout-Syndroms (Halbesleben & Demerouti, 2005, S. 217 f.).

Reduziertes Wirksamkeitserleben. Die Beziehung der (reduzierten) Leistungsfähigkeit zur Depersonalisierung und emotionalen Erschöpfung im Arbeitskontext gilt als komplex. Diese Dimension umfasst nicht nur die tatsächliche Leistungsfähigkeit, sondern das eigene (negative) Wirksamkeitsempfinden. Eine chronisch überfordernde Arbeitssituation, die Erschöpfung und Zynismus befördert, ist auch dazu geeignet, das eigene Gefühl der Effektivität bzw. die Leistung auf Arbeit zu untergraben (Cordes & Dougherty, 1993, 623 f.). Gleichgültigkeit gegenüber Personen im Arbeitsumfeld und Erschöpfung verhindern, dass sich ein erfüllendes Arbeitsgefühl einstellen kann. Das Gefühl verminderter Wirksamkeit und tatsächlicher Leistungsabfall entstehen aber nicht nur als Resultat der beiden anderen Dimensionen. Sie können sich gleichmäßig mit der Depersonalisierung und Erschöpfung entwickeln. Ein solches Szenario ist beispielsweise vorstellbar, wenn die auf Arbeit vorliegenden Ressourcen nicht ausreichen, um die Anforderungen zu erfüllen. Vereinfacht könnte man so feststellen, dass mangelnde Ressourcen das Gefühl der Ineffektivität befeuern (Halbesleben & Demerouti, 2005, S. 211), während soziale Konflikte Depersonalisierung verursachen und Arbeitsüberlastung Erschöpfung mit sich bringt (Maslach et al., 2009, S. 100). Darüber hinaus gibt es Vermutungen, dass diese Ebene des Burnouts stärker mit der Persönlichkeit der Betroffenen verbunden ist als die beiden anderen Ebenen. Das Vertrauen in die eigenen Fähigkeiten kann die Stärke der Ausprägung von reduzierten Wirksamkeitsempfinden beeinflussen (Schaufeli & Enzmann, 1998, S. 102 f.). Bei dieser Ebene ist dabei sprachlich klar zu differenzieren. Während hohe emotionale Erschöpfung und Depersonalisierung für einen Burnout sprechen, so ist es gerade das reduzierte Wirksamkeitsempfinden, das als kritisches Symptom den Betroffenen leiden lässt, da die reduzierte Wirksamkeit die berufliche Sinnhaftigkeit und somit die eigene berufliche Laufbahn nachhaltig infrage stellt.

Um Burnout auch in seiner Symptomatik von anderen Leiden wie „einfachen" Erschöpfungserscheinungen oder chronischer Arbeitsplatzerschöpfung abgrenzen zu können, sollten idealerweise Symptome auf allen drei Ebenen – emotionaler Erschöpfung, Depersonalisierung und reduziertem Wirksamkeitsempfinden – vorliegen.

2.4   Diagnose

Der häufig in der Forschung verwendete Maslach Burnout Inventory (Maslach & Jackson, 1981), aber auch vergleichbare wissenschaftliche psychologische Messinstrumente wie der Copenhagen Burnout Inventory (Kristensen et al., 2005), die Tedium Measure (Pines et al., 1985) oder der Oldenburg Burnout Inventory (Demerouti, Bakker, Vardakou & Kantas, 2003) ermöglichen grundsätzlich keine klinisch medizinische Einordnung des Burnout-Syndroms. Die Erhebungstools wurden letztlich entwickelt, um das Phänomen des Burnouts zu konzeptualisieren und das Auftreten in verschiedenen Lebensbereichen darzustellen. Sie können Hinweise auf die Ausprägungen der verschiedenen Burnout-Dimensionen geben und somit in der medizinischen Diagnostik unterstützen. Eine eindeutige Einordnung bedarf jedoch weiterhin einer zusätzlichen medizinischen Differentialdiagnostik, insbesondere um Burnout von etablierten Erkrankungsformen wie Depression zu unterscheiden. Gleichzeitig haben jedoch Studien mit an Burnout Erkrankten gezeigt, dass der MBI unter bestimmten Umständen valide Diagnoseaussagen treffen kann (Brenninkmeijer et al., 2001, S. 264 ff.; Roelofs et al., 2005, S. 23 f.).

Ein allgemeingültiges medizinisches Diagnoseverfahren existiert bisher nicht. Gleichwohl wird Burnout in der klinischen Praxis diagnostiziert (Engebretsen, 2018, S. 1151; Korczak et al., 2010, S. 98; Litzcke & Schuh, 2010, S. 149). Es hängt demnach zurzeit vom Ermessen des behandelnden medizinischen Fachpersonals ab, ob eine Burnout-Diagnose erfolgt sowie welche Methoden zur Diagnose herangezogen werden. Zur medizinischen Einstufung und genauen Bestimmung des Burnout-Typs sind idealerweise psychologische Testverfahren wie oben beschrieben im Zusammenhang mit biologischen Tests (bspw. zur Bestimmung von körperlichen Stressreaktionen) heranzuziehen (Waeldin & Vogt, 2015, S. 9).

Im Sinne der internationalen Klassifikation der Krankheiten (ICD) stellt Burnout keine Erkrankung, sondern ein arbeitsbezogenes Phänomen dar. Bis 2019 wurde Burnout im ICD-10 unter die generelle Thematik „Probleme mit Bezug auf Schwierigkeiten bei der Lebensbewältigung" subsumiert. Dabei wurden unter diesem Rubrum auch eine Vielzahl anderer gesundheitlicher Phänomene gefasst, was eine Abgrenzung erschwerte. Mit der elften Revision des ICD, die ab 2022 Gültigkeit erlangt, wird Burnout nun separat als Berufsphänomen bezeichnet, dass auf chronischem Stress zurückgeführt wird, der nicht erfolgreich bewältigt wird (WHO, 2019). Die WHO bezieht sich definitorisch nun auf die von Maslach und Jackson beschriebenen Dimensionen emotionale Erschöpfung, Depersonalisierung und reduziertes Wirksamkeitsempfinden (Maslach & Jackson, 1981, 1982). Durch die Änderung wird deutlich, dass Burnout nicht losgelöst vom Arbeitskontext gesehen werden kann und Interventionsmaßnahmen vor allem im organisatorischen und nicht medizinischen Bereich erfolgen müssen (Berg, 2019; Sievers et al., 2021, S. 104).

Burnout und Depression. Das Burnout von anderen Krankheitsbildern schwer abzugrenzen ist, wurde bereits hinreichend klar. Insbesondere die Abgrenzung zur Depression hin ist jedoch von Bedeutung und bedarf einer kurzen Darstellung. In der Literatur aber auch im klinischen Bereich wird nicht immer hinreichend zwischen Depression und Burnout unterschieden. Ähnliche Symptomatiken sowohl im somatischen als auch im psychischen Bereich sowie die mögliche Parallelität bei der Entwicklung beider gesundheitlicher Phänomene können als ursächlich hierfür angesehen werden. Zahlreiche Untersuchungen haben zudem enge Verbindungen zwischen Erschöpfungsempfinden, Burnout und Depression aufgezeigt (Engebretsen, 2018, S. 1155 ff.). Dabei ist vor allem mit Hinblick auf Ursachenforschung, Rehabilitation und Prävention eine möglichst scharfe Trennung nötig.

Wenngleich eine tiefgreifende Unterteilung an dieser Stelle nicht vorgenommen werden kann, hilft bereits die genauere Betrachtung der Symptomatik, um ein grundsätzliches Verständnis zu entwickeln. Kernelement des Burnouts ist Erschöpfung über einen langen, andauernden Zeitraum im Arbeitskontext. Für die Diagnose einer Depression müssen mindestens zwei der drei Hauptsymptome (1: gedrückte, depressive Stimmung; 2: Interessenverlust, Freudlosigkeit; 3: Antriebsmangel, erhöhte Ermüdbarkeit) für mindestens zwei Wochen auftreten (Schneider et al., 2017, S. 33).Ein Erschöpfungszustand kann somit bei Depressionen auftreten, ist aber hingegen bei Burnout zwangsläufiges Merkmal (Känel, 2008, S. 481). Zudem ist Burnout bereits entsprechend der Diagnosemerkmale des ICD10/11 zwingend arbeitsplatzbezogen und somit situationsspezifischer. Darüber hinaus treten beim Burnout soziale Krankheitszeichen und Verhaltens- bzw. Einstellungsänderungen auf, die bei einer Depression nicht zwingend vorliegen müssen. Gerade die Burnout-Dimensionen der Depersonalisierung und verminderten Leistungsfähigkeit sind nicht zwingend mit einer Depression verbunden.

Dennoch bleibt anzumerken, dass eine enge Verflechtung beider gesundheitlicher Phänomene besteht (Bernstein, 2020, 10 f.; Kapfhammer, 2012, S. 1281).Stress ist wesentlicher Prädikator beider Krankheitsverläufe (Rein & Keck, 2017, S. 166). Depressive Episoden werden im Verlauf des Burnouts regelmäßig als Symptom beschrieben. Gerade die letzte Phase zahlreicher linearer Burnout-Modelle, die akute Krise, wird häufig als Depression bzw. Stressdepression und somit lebensgefährlicher Zustand bezeichnet (Keck, 2016, 21 f.; Waadt & Acker, 2013, S. 34).

2.5   Verlauf des Burnout-Syndroms

Der Verlauf des Burnout-Syndroms ist durch eine stufenweise, langwierige Entwicklung gekennzeichnet. Seit den achtziger Jahren besteht in der Forschung weitgehend Einigkeit über einen kumulativen, sich aufbauenden Prozess hin zum Burnout. Savicki und Cooley (1983, S. 236) stellten mit Hinblick auf den Verlaufsprozess fest: „Burnout does not usually spring full bloom in reaction to a specific stressful event. Rather, it emerges gradually over a period of time in response to low intensity on-going events." Von Bedeutung ist, dass Burnout kein einmaliger Prozess sein muss. Vielmehr kann auch nach Verlassen einer Burnout-fördernden Arbeitssituation ein ähnliche Entwicklung bei einer neuen Tätigkeit wieder einsetzen (Burisch, 2014, S. 40 f.).

Diese Betrachtungsweise des Burnout-Syndroms führte zur Entwicklung einer Vielzahl von Phasenmodellen, die den Verlauf des Phänomens beschreiben sollen. So wurden Modelle unter anderem von Bergner (2010), Burisch (2014), Cherniss (1980a), Freudenberger und North (1985), Golembiewski (1983), Sanz (2011) sowie Unger und Kleinschmidt (2009) entworfen. Gemein ist den meisten Modellen, dass verschiedene Verlaufsstufen mit spezifischen Symptomen in Verbindung gebracht, Entwicklungen von einem engagierten hin zu einem erschöpften Zustand dargestellt sowie selten Besserungs- bzw. Heilungsstufen einbezogen werden. An den Modellen ist zu kritisieren, dass es sich nicht um empirische Studienergebnisse handelt, sondern vielmehr um intuitive Analysen. Die Abgrenzung der einzelnen Phasen erscheint willkürlich und der Verlauf wird als unabänderliche Entwicklung in die Richtung des Burnouts beschrieben (Burisch, 2014, S. 40; Korczak et al., 2010, S. 17; Scherrmann, 2015, S. 16; Thalhammer & Paulitsch, 2014, S. 153). Bei der Betrachtung dieser Modelle ist es demnach wichtig zu verstehen, dass diese nicht medizinisch zur Einordnung eines Burnouts herangezogen werden können. Ihr Wert liegt vielmehr in der Darstellung möglicher Wirkzusammenhänge und der Einordnung eigenen Empfindens für Betroffene (Scherrmann, 2015, S. 17).

Aufgrund des wie beschrieben eingeschränkten Mehrwerts der Phasenmodelle wird an dieser Stelle auf eine Darstellung einer Vielzahl dieser verzichtet. Dennoch soll hier zumindest das in Deutschland weit rezipierte Modell Burischs zur Veranschaulichung dargestellt werden. Auf das von Maslach und Jackson entwickelte Modell (Maslach & Jackson, 1982) wird trotz seiner herausragenden Bedeutung für die quantitativ-empirische Forschung verzichtet. Maslach selbst hatte in zahlreichen Abhandlungen verdeutlicht, dass eine einfache lineare Entwicklung von emotionaler und körperlicher Erschöpfung über Depersonalisierung hin zu verminderter Leistungsfähigkeit zu einfach ist und die Wirkmechanismen der drei Dimensionen nicht sequenziell auftreten müssen (Maslach, 1998, 77 ff.).

Phasenmodell nach Burisch (Burisch, 2014, 131 ff.). Burisch entwickelte ein siebenstufiges Phasenmodell des Burnouts. Bei der Interpretation des Modells ist zu beachten, dass die beschriebenen Symptome nicht gleichermaßen bei allen Betroffenen auftreten müssen. Die Phasenreihenfolge ist nicht strikt linear. So können je nach Individuum Phasen übersprungen werden, sich verschieben oder parallel auftreten. Die Stärke des Modells liegt laut Burisch darin, dass es sich an der inneren Realität der Betroffenen orientiert, eine umfängliche Beschreibung abgibt, welche die Annahme vieler Burnout-Typen (bspw. in sozialen Berufen, Burnout von Managern und Führungskräften) sowie eine Abgrenzbarkeit gegenüber anderen Belastungsstörungen ermöglicht (ebd., 133). Eine vereinfachte Übersicht der Phasen und entsprechender Symptome kann der Übersicht in Tab. 2.3 entnommen werden.

1. *Phase: Warnsymptome der Anfangsphase*
   Diese Phase ist durch einen erhöhten Energieeinsatz geprägt. Die Betroffenen stellen hohe Erwartungen an sich und stellen zur Erreichung zum Teil unrealistisch hoher Ziele eigene Bedürfnisse zurück. Dies resultiert in ersten Erschöpfungssymptomen wie Müdigkeit, Schlafstörungen und Energiemangel.
2. *Phase: Reduziertes Engagement und Rückzug*
   Die wahrnehmbare Erschöpfung führt zu Meidungsverhalten im sozialen Umfeld und im Arbeitskontext. Die Arbeit wird zunehmend als Belastung empfunden und das Wahrnehmen der beruflichen Tätigkeit geschieht zunehmend mit Widerwillen. Die Motivation und der Energieeinsatz der ersten Phase sind abgeflacht.
3. *Phase: Emotionale Reaktionen und Schuldzuweisungen*
   Betroffene zeigen ihrer sozialen Umwelt gegenüber deutlich wahrnehmbare emotionale Reaktionen. Dabei wird das Unwohlbefinden in Bezug auf die eigene Situation auf unterschiedliche Arten rationalisiert. Entweder geben die Betroffenen sich selbst Schuld für das vermeintliche Versagen. Sie reagieren mit depressiv-konnotierten Stimmungen: reduzierte Selbstachtung, Pessimismus, Apathie, Nervosität. Auf der anderen Seite können Betroffene in einer manichäischen Art und Weise die Schuld anderen zuschreiben. Dies äußert sich in aggressiven emotionalen Reaktionen: Reizbarkeit, Negativismus, gesteigerte Suche von Konfrontationen, Kompromissunfähigkeit.
4. *Phase: Abbau der Leistungsfähigkeit*
   Die kognitiven Fähigkeiten der Betroffenen lassen genauso wie die Motivation spürbar nach. Es treten zunehmend Probleme auf Entscheidungen zu fällen, die Konzentrations- und Gedächtnisfähigkeit verringern sich. Die Arbeit wird zum Dienst nach Vorschrift. Dabei tritt immer häufiger eine undifferenzierte Wahrnehmung auf. Widerstände gegen Veränderungen erhöhen sich. Die Kreativität und Flexibilität gehen zurück.
5. *Phase: Verflachung*
   Das soziale, emotionale und geistige Leben der Betroffenen verflacht zunehmend. Man ist den Geschehnissen im Umfeld gegenüber gleichgültig und zum Teil unfähig adäquate emotionale Reaktionen zu zeigen. Durch das gezeigte

Verhalten zieht sich das soziale Umfeld zurück. Es kommt zu einer zunehmenden Isolation. Hobbies werden nicht mehr wahrgenommen und Langeweile dominiert den Alltag.

6. *Phase: Psychosomatische Reaktionen*
Obwohl sich psychosomatische Reaktionen wie verändertes Essverhalten, Schlafprobleme und Konzentrationsmangel schon vorher zeigen können, setzen nun für die Betroffenen und zum Teil auch für das Umfeld deutlich sichtbare Krankheitszeichen ein. Dabei ist ein breites Spektrum von Reaktionen von Kopfschmerzen bis hin zu koronaren Herzerkrankungen und Panikattacken möglich.

7. *Phase: Verzweiflung und Zusammenbruch*
Diese 7. Phase wird als Endpunkt der Entwicklung des Burnout-Syndroms angesehen und beschreibt letztlich den Zusammenbruch der Betroffenen. Es tritt ein starkes Gefühl der Sinnlosigkeit sowie ein chronisches Gefühl der Hilflosigkeit ein. Der Verlust grundsätzlicher Motivation und existenzielle Verzweiflung werden wahrgenommen (Reiter, 2020). Es können Suizidgedanken auftreten. Die siebte Phase beschreibt eine akute Krise, die letztlich auch als Depression angesehen wird (Waadt & Acker, 2013, S. 34).

2.6   Work Engagement als Gegenthese zum Burnout

Nachdem die Gefahren und Mechanismen, die mit dem Burnout-Syndrom im Zusammenhang stehen dargestellt wurden, lohnt es sich, zumindest einen kurzen Blick auf das Gegenstück zum Burnout zu werfen. Dabei hat sich in der Literatur der Begriff des work engagement, also Engagement im Arbeitskontext, durchgesetzt. Es existieren zwei Konzepte, die das Verhältnis von Engagement zu Burnout beschreiben. Maslach, Leiter und Schaufeli (2009, S. 103) betrachteten Engagement zunächst als die direkte, positive Antithese zum Burnout. In diesem Sinne ist Engagement durch entgegengesetzte Ausprägung der drei Dimensionen des Burnouts gekennzeichnet, also geringe emotionale Erschöpfung, geringe Depersonalisierung und hohe (auch subjektive) Leistungsfähigkeit. Die zweite Sichtweise betrachtet Engagement als ein unabhängiges Konzept, dass negativ mit Burnout korreliert. Dieses ist geprägt durch einen hohen Elan (vigor) und Hingabe (dedication) im Sinne einer hohen Identifikation mit der Arbeit bzw. der Arbeit gebenden Organisation (Schaufeli et al., 2002, S. 74). Bakker et al. (2008, S. 187 f.) definierten Engagement diesem zweiten Konzept folgend als positiven, erfüllenden, affektiv-motivationalen Zustand arbeitsbezogenen Wohlbefindens, das als Gegenstück zum Burnout gesehen werden kann.

Tab. 2.3 Burnout-Phasenmodell nach Burisch

Das Burnout-Phasenmodell nach Burisch (durch Verfasser angepasst) (Burisch, 2014, 31 ff.)

Phase 1: Warnsymptome der Anfangsphase	• Überhöhter Energieansatz (Gefühl der Unentbehrlichkeit, Verleugnung eigener Bedürfnisse) • Erschöpfung (Energiemangel, Unausgeschlafenheit)
Phase 2: Reduziertes Engagement/Rückzug	• Selbstdistanzierung gegenüber anderen bzw. Meidung von Kontakt • Offensichtliche emotionale Kälte, Verlust von Empathie im privaten wie beruflichen Kontext • Rückzug ins Privatleben, Verlust der Arbeitszufriedenheit, mangelnde Begeisterungsfähigkeit für die Arbeit • Gefühl fehlender Anerkennung
Phase 3: Emotionale Reaktionen, Schuldzuweisungen	• Stimmungsschwankungen • depressive Emotionsreaktionen (Schuldgefühle, Ohnmachtsgefühle, Hilflosigkeit) • Aggressive Emotionsreaktionen (Bitterkeit, Schuldzuweisung gegenüber der Umwelt, chronisch gereizte Stimmung, steigende Häufigkeit von Konflikten)
Phase 4: Abbau	• Abbau der kognitiven Leistungsfähigkeit (höherer Arbeitsaufwand für gleiche Ergebnisse, Konzentrationsschwächen, Vergesslichkeit) • Abbau der Motivation („Dienst nach Vorschrift", fehlende Initiative) • Abbau der Kreativität • Entdifferenzierung (Dichotomisierung in gut/böse bzw. richtig falsch; vereinfachte Schematisierung von Problemen „das haben wir schon immer so gemacht")
Phase 5: Verflachung	• Emotionales Leben (Verlust von Anteilnahme, Gleichgültigkeit) • Soziales Leben (starker Individualismus, Einsamkeit, Rückzug des sozialen Umfelds) • Geistiges Leben (Desinteresse gegenüber Umwelt)

(Fortsetzung)

Tab. 2.3 (Fortsetzung)

Das Burnout-Phasenmodell nach Burisch (durch Verfasser angepasst) (Burisch, 2014, 31 ff.)

Phase 6: Psychosomatische Reaktionen	• Häufung von Infektionskrankheiten • Kreislaufbeschwerden • Schlafstörungen • Verspannungen • Verdauungsbeschwerden • Veränderte Essensgewohnheiten • Kopfschmerzen
Phase 7: Verzweiflung	• Existenzielle Verzweiflung • Chronisches Gefühl der Hoffnungslosigkeit • Selbstmordgedanken

Aus beiden Konzepten ergibt sich ein theoretisches Modell, dem zufolge Engagement auf dem Vorliegen bestimmter Vorbedingungen basiert. So stärken soziale Unterstützung, leistungsbezogenes Feedback, Autonomie, Coaching, abwechslungsreiche Tätigkeiten und das Gefühl von Selbstwirksamkeit ein hohes Engagement. Hingegen sind mangelndes Feedback, geringe Kontrolle über die Arbeit, geringe soziale Unterstützung und fehlende Partizipationsmöglichkeiten Vorboten arbeitsbezogenen Rückzugsverhaltens (disengagement) und somit eines Burnouts. Hohes Engagement befördert arbeitsbezogenes Wohlbefinden, organisationales Commitment und Arbeitszufriedenheit. Diese sind wiederum Indikatoren für niedrige Kündigungsbereitschaft, niedrige Fehlzeiten sowie hohe Leistungsfähigkeit und Produktivität. Wenngleich nicht alle Wirkungsbezüge dieses Modells bisher vollständig belegt sind, unterstützt die empirische Studienlage das Konzept (Freeney & Tiernan, 2006, 134 f.). Es wird offensichtlich, dass ein durch gute Arbeitsbedingungen gefördertes hohes Engagement der Entwicklung von Burnout innerhalb einer Belegschaft entgegenwirken kann.

Es ist der Job der Führungskräfte: Mitarbeiter müssen sich mit den Zielen und Werten ihres Unternehmens bzw. ihrer Behörde identifizieren können

3

3.1 Definition und Wirkung von organisationalen Commitment

Auch in der Literatur zum Thema organisationales Commitment (im Folgenden OC) finden sich zahlreiche Definitionsansätze, die sich über Jahre hinweg entwickelt haben (Radosavljević et al., 2017, S. 20).Über den Kern des Konzepts bestehen allerdings keine Zweifel. OC kann als die herausragende Verbindung zwischen einem Individuum und einer Organisation verstanden werden (Buchanan, 1972, S. 533; Klein, 2009, S. 100; Mathieu & Zajac, 1990, S. 171; Welk, 2014, S. 8). Definitorische Unterschiede beziehen sich hauptsächlich auf die Frage wie es zur Entwicklung der Verbindung gekommen ist und diese charakterisiert werden kann (Mathieu & Zajac, 1990, S. 171). So kann OC als psychologischer Zustand verstanden werden, der eine Person an eine Organisation bindet und einen Arbeitgeberwechsel unwahrscheinlicher macht (Jayarathna, 2016, S. 40). Auf vergleichbare Weise kann in OC die relative Stärke der Identifizierung und Involvierung eines Individuums mit einer Organisation gesehen werden (Roe et al., 2008, S. 133). Mit OC werden dabei häufig Begriffe wie Identifikation, Verbundenheit oder Loyalität in Verbindung gebracht (Felfe, 2008, 26; Krumov et al., S. 79).

Das OC von Arbeitnehmenden ist eine Determinante für die Erwartungen und Einstellungen, die Angestellte gegenüber ihrem Arbeitgeber haben. Das Verhalten gegenüber der Organisation wird dadurch bestimmt, wie die Beschäftigten diese wahrnehmen; sehen sie sich als Teil des Ganzen oder als außenstehend? Aus Führungssicht ist das Commitment der Mitarbeitenden von entscheidender Bedeutung. Es ist ein Indikator dafür, wie stark sich mit den Zielen und Werten der

K.-H. Fittkau und H. Reinhardt, *Burnout und Commitment*, essentials,
https://doi.org/10.1007/978-3-658-41095-7_3

Organisation identifiziert wird, wie fähig man ist sich für das Wohl der Gesamt-
unternehmung einzusetzen und inwiefern man bereit ist, über den Dienst nach
Vorschrift hinaus persönliche Bedürfnisse hintenanzustellen.

OC hat dabei facettenreiche Auswirkungen auf das Arbeitsverhalten von
Mitarbeitenden. Hohes OC kann zu stärkeren intrapersonalen Beziehungen
und gegenseitiger Unterstützung in der Organisation führen, die wiederum
zunehmende Bindung an das Unternehmen fördern (Meyer et al., 2002, S. 38).
Durch hohes Commitment können zudem starke soziale Netzwerke in der Arbeitsumgebung entstehen, die im Gegenzug einen Rückzug aus der Organisation
oder dem Arbeitsleben erschweren (Colquitt et al., 2013, S. 67). Commitment
hat weiterhin Auswirkungen auf den Umgang von Mitarbeitenden mit negativen
Arbeitserlebnissen. So kann in Anlehnung an Hirschmans theoretische Überlegungen auf einen negativen Arbeitsstimulus mit Kündigung (exit), konstruktiver
Kommunikation (voice), unveränderter Arbeitsbereitschaft (loyalty) oder einer
passiv-aggressiven Antwort, bei der das Jobinteresse nachlässt (neglect), reagiert
werden. Aus Organisationssicht sind voice und loyalty wünschenswerte Reaktionen, während exit und neglect als schädigend angesehen werden müssen.
Empirische Untersuchungen konnten zeigen, dass hohes OC die vier beschriebenen Reaktionen genau im Sinne der Organisation fördert bzw. hemmt (Gerken,
2012; Withey & Cooper, 1989).

Durch zahlreiche Studien konnten zudem weitere positive Konsequenzen
von hohem OC auf unterschiedliche Verhaltensweisen von Arbeitnehmenden
aufgezeigt werden. Untersuchungen haben bspw. nahegelegt, dass Mitarbeitende
mit hohen Commitment-Werten weniger und kürzere Abwesenheitszeiten (Absen-
tismus) aufweisen (Klein, 2009, S. 101; Mathieu & Zajac, 1990; Mathieu &
Kohler, 1990, S. 41; Meyer et al., 2002). Weiterhin kann hohes (insbesondere affektives) Commitment das Risiko eines Arbeitgeberwechsels bei Arbeitnehmenden verringern (Roy Tumpa, 2017, S. 14; Vandenberghe, 2009, S. 101).
Leistung, Arbeitszufriedenheit, Hilfsbereitschaft, Kundenorientierung, niedrigeres
deviantes Verhalten am Arbeitsplatz und arbeitsbezogenes Wohlempfinden werden zudem mit hohen Ausprägungen OC in Verbindung gebracht (Hilpert, 2008,
S. 118; Pundt, 2010, 144 f.; Raff et al., 2021, S. 339; Vandenberghe, 2009, S. 112;
Welk, 2014, 21 ff.; Westphal & Gmür, 2009, 206 ff.). Hohes Commitment ist
zudem ein Indikator für positive Veränderungsbereitschaft für organisationalen
Wandel in einer Belegschaft und deshalb auch aus Perspektive des Change
Managements von Bedeutung (Pundt, 2010, S. 81).

OC ist kein reines Individualphänomen. Es kann ebenso durch gruppen-
dynamische Prozesse beeinflusst werden. Gerade bei tiefgreifenden organisatorischen Umwälzungsprozessen (Umstrukturierung, Reorganisation) kann OC

Einfluss auf die kollektive Verbindung zwischen Mitarbeitenden und Organisation haben (Roe et al., 2008, S. 139). Insgesamt gilt OC, sobald es einmal aufgebaut ist, als relativ beständig und kann kurzfristig kaum beeinflusst oder verändert werden (Kraus & Woschée, 2012, S. 189). Im Gegenzug fordert dies von Arbeitgebenden, einen steten, kontinuierlichen Aufbau und das Aufrechterhalten einer Commitment förderlichen Umgebung (Roy Tumpa, 2017, 13 f.; Soeling et al., 2021, S. 574). Gesellschaftliche Werte und kulturelle Einflüsse spielen zudem eine relevante Rolle für die Ausprägung von Commitment. So konnte festgestellt werden, dass kollektivistischere Staaten eine stärkere Ausprägung von Commitment aufweisen (Felfe et al., 2008). Insgesamt hat Commitment aufgrund der engen Bindungswirkung und der dargestellten positiven Effekte auf Mitarbeitende eine herausragende Bedeutung für Organisationen (Nerdinger, 2019, S. 90).

3.2 Multidimensionales Modell des organisationalen Commitments

Obgleich OC aus definitorischer Sicht leicht zu erfassen ist, kann auch dieses in mehrere Dimensionen unterteilt werden. Diese definieren sich vor allem durch die unterschiedliche Art der Verbundenheit zum Arbeitgeber. Grundlage der Dimensionen sind drei Denkschulen, die als ökonomische, psychologische und normative Entwicklungsstränge betrachtet werden können. Die ökonomische Sichtweise, für die Becker stellvertretend steht, sieht als Ursache für das Commitment eine nicht zwingend monetäre Kosten-Nutzen-Rechnung. Zentrale Rolle spielt, welche Vorteile und Nachteile das Bleiben in einer Organisation für das Individuum haben (Klaiber, 2018, S. 28). Die psychologische Schule nach Mowday sieht positive bzw. negative Einstellungen gegenüber einer Organisation bzw. daraus resultierendes Verhalten als zentrale Größe, die die Bindung zu einer Organisation bestimmt. Die normative Sichtweise nach Wiener und Stebbins begründete die Bindung mit internalisiertem normativem Druck, der ein Individuum dazu antreibt, im Sinne einer Organisation zu handeln. Mitarbeitende weisen demnach Commitment zu einem Unternehmen auf, weil sie an dessen moralischen Wert glauben (Meyer & Allen, 1991, S. 63 ff.; Stebbins, 1970, S. 528 f.; Welk, 2014, S. 9).

Diese Denkschulen wurden durch Meyer und Allen (1984) schrittweise zu einem multidimensionalen Konstrukt vereint. In Anlehnung an die Denkschulen wurden drei Kernbestandteile des OC identifiziert: die voraussichtlichen Kosten das Unternehmen zu verlassen, die aktive (Selbst-)Assoziation mit der Organisation und die (moralische) Obligation dort zu verbleiben. Diese Dimensionen des OC werden als kalkulatorisches (fortsetzungsbezogenes) Commitment, affektives und normatives Commitment bezeichnet. Dabei entwickelten Meyer und Allen zunächst ein zweigliedriges Modell aus kalkulatorischen und affektiven Commitment, ergänzten dieses aber später um das normative Element (Meyer & Allen, 1991). Entsprechend des multifaktoriellen Ansatzes schließen sich die drei Dimensionen nicht aus. Sie bestehen vielmehr unabhängig, in unterschiedlich starken Ausprägungen nebeneinander. Dabei konnten die konzeptionellen drei Ebenen und deren Wechselwirkungen bereits mehrfach empirisch belegt werden (Klaiber, 2018, S. 29; Meyer & Allen, 1991, S. 68; Meyer et al., 1993, S. 546 f.; Sturm et al., 2011, S. 143). Das multidimensionale Konzept nach Meyer und Allen ist heute der am stärksten in der Forschung vertretene Ansatz zum Thema OC und genießt weithin Anerkennung (Kessler, 2013, S. 527; van Dick, 2004, S. 3) (Abb. 3.1).

Affektives Commitment. Affektives Commitment bezieht sich auf die emotionale Verbundenheit des Individuums zur sowie die Identifikation mit der Organisation. Darüber hinaus umfasst diese Ebene des OC die Einbindung Mitarbeitender in den Organisationsablauf, insbesondere das Einverständnis über Ziele der Organisation und des Individuums in der Organisation (Wolf, 2013, S. 91).Es werden vier Gründe für affektives Commitment erkannt: a) Persönlichkeitseigenschaften b) strukturelle Organisationseigenschaften, c) Charakteristika der auszuführenden Arbeit und d) Arbeitserfahrung (Meyer et al., 1993, S. 539; Radosavljević et al., 2017, S. 20). Mitarbeitende mit hohem affektiven Commitment tendieren eher dazu in einem Unternehmen zu bleiben. Dies wird

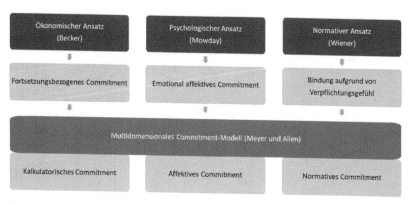

Abb 3.1 Multidimensionales Commitment Modell. (Eigene Darstellung)

darauf zurückgeführt, dass bereits positive Arbeitserfahrungen gemacht wurden und diese als so werthaltig eingeschätzt werden, dass man die Zusammenarbeit aufrechterhalten will. Darüber hinaus führt affektives Commitment zu einer erhöhten Arbeitsbereitschaft auch unter Vernachlässigung eigener Bedürfnisse (Solinger et al., 2008). Gerade bei affektivem Commitment spielen die emotionalen Bindungen zu und zwischen Mitarbeitenden eine bedeutende Rolle. Enge Sozialgefüge im Arbeitsumfeld erhöhen die psychologische Bindung zwischen Individuum und Organisation sowie die Bereitschaft, für die Arbeitsgemeinschaft zusätzliche Leistung zu erbringen (Colquitt et al., 2013, S. 66). Von allen drei Dimensionen des Commitments ist die affektive Ebene jene, die aus Managementsicht zu fördern und präferieren ist. Gleichzeitig wird affektives Commitment in der Commitment-Forschung als die zentrale Komponente des organisationalen Verbundenheitsgefühls gesehen. Über Jahre hinweg halten sich Stimmen, die eine Abkehr vom Dreifaktorenmodell hin zu einer singulären Betrachtung der affektiven Dimension befürworten (Solinger et al., 2008, S. 76).

Kalkulatorisches Commitment. Betrachten arbeitende Individuen bewusst die Kosten eines möglichen Jobwechsels und den Vorteil eines Verbleibens in der Organisation, spricht man von kalkulatorischem Commitment. Kosten können dabei sowohl die Organisation direkt betreffen, z. B. das Verlieren von Sicherheiten, Annehmlichkeiten oder Zugängen, die der bisherige Arbeitgeber bot. Es können aber auch nicht direkt organisationsbezogene Einflüsse in die Kostenrechnung einfließen, bspw. die erwarteten (negativen) Einflüsse im Privatleben, die Notwendigkeit von Umzügen, Instabilität und zwischenzeitliche Fürsorgeoder Versorgungsschwierigkeiten. Darüber basiert die kalkulatorische Annahme darauf, dass eine attraktive (Job-)Alternative existiert. Alternativen hängen dabei von verschiedenen Faktoren wie ökonomische Situation, Arbeitsmarktbedingungen sowie die Marktfähigkeit der Befähigungen der wechselwilligen Arbeitnehmenden ab (Colquitt et al., 2013, S. 68). In der Forschung existieren theoretische Modelle, die das kalkulatorische Commitment entsprechend der dargestellten Ursachen weiter unterteilen. So kann ein kalkulatorisches Commitment mit hoher Opferbereitschaft (high-sacrifice continuance commitment) und ein kalkulatorisches Commitment mit geringen Alternativen (low-alternative continuance commitment) unterschieden werden (Kessler, 2013, S. 527; Meyer et al., 1990, S. 716). Solche Vier-Faktoren-Modelle haben sich bisher nicht gegen den ursprünglichen Ansatz von Meyer und Allen durchgesetzt.

Ein bedeutender Faktor, der mit hohem kalkulatorischem Commitment verbunden wird, ist das persönliche Investment, dass Mitarbeitende sowohl subjektiv als auch objektiv bereits für das Unternehmen erbracht haben. Wurde bereits viel Zeit, persönlicher Aufwand und Energie in ein Unternehmen gesteckt, erhöht das die wahrgenommenen Kosten eines Jobwechsels (Becker, 1960, S. 38 ff.; Colquitt et al., 2013, S. 68). Empirisch konnten dabei die negative Wirkung erhöhten kalkulatorischen Commitments auf Arbeitsleistung und die fehlende Korrelation zwischen kalkulatorischem Commitment und positiven Arbeitnehmerverhalten nachgewiesen werden (Meyer et al., 2002, S. 36 f.). Diese Ebene des Commitments kann also eher als passive Form der Loyalität verstanden werden. Aus demographischer Perspektive haben Heiratsstatus und Alter Einfluss auf kalkulatorisches Commitment (Mathieu & Zajac, 1990, S. 177). Dies scheint nur konsequent, da die hier beschriebene Kalkulation der Kosten (für die Familie) und der Chancen auf dem Arbeitsmarkt (Alter, ggf. geringere Flexibilität durch Familie) durch diese Variablen stark beeinflusst werden kann.

Normatives Commitment. Arbeitnehmende mit hohem normativem Commitment haben ein Gefühl von Verpflichtung, in ihrer Organisation zu verbleiben. Dies kann als Ergebnis zweier Sozialisationsprozesse gesehen werden. Der Erste tritt vor dem Eintritt in die Organisation und somit unabhängig von dieser auf. Das Individuum internalisiert normativen Druck durch sein soziales Umfeld (Familie, Freundeskreis) und die Gesellschaft. Dies kann zu einem allgemeinen Pflichtverständnis der arbeitgebenden Organisationen gegenüber sowie der moralischen Verpflichtung, in einer Tätigkeit zu verbleiben, führen. Ein weiterer Sozialisationsprozess setzt nach Beginn der Tätigkeit für eine Organisation ein. Das Individuum verspürt normativen Druck aufgrund seiner Bindung dem Kollegium und der Organisation gegenüber. Es wird als moralisch falsch empfunden, die Tätigkeit und die Kollegen, denen gegenüber man Verantwortung übernommen hat, zurückzulassen (Sturm et al., 2011, S. 143; Wolf, 2013, S. 87). Normatives Commitment kann aber auch dadurch entstehen, dass die Organisation dem Individuum gegenüber in gewisse Vorleistung getreten ist. So können übernommene Studiengebühren, Ausbildungs- und Trainingsaufwand, aufwendige Auswahlverfahren und bekannt gewordene Absagen gegenüber anderen qualifizierten Bewerbern dazu führen, dass Betroffene empfinden, der Organisation erst eine Gegenleistung erbringen zu müssen, bevor sie sich von ihr abwenden können (Klaiber, 2018, 32 f.; Radosavljević et al., 2017, 20 f.). Zudem kann das Gefühl bei Individuen entstehen, dass diese für das weitere Bestehen oder den Erfolg der Organisation unerlässlich sind (van Elst & Meurs, 2015, S. 44). Es ist wenig verwunderlich, dass empirische Studien zeigen, dass normatives Commitment vor allem mit zunehmender Verweildauer in einer Organisation steigt (Raff et al., 2021, S. 346).

Neben der Analyse des OC anhand der dargestellten Dimensionen hat sich in den letzten Jahren noch ein weiterer Forschungszweig im Zusammenhang mit der Bindung von Arbeitnehmenden entwickelt. Es wurde festgestellt, dass

OC nicht nur auf einer Makroebene der Organisation gegenüber besteht. Das psychologische Verbundenheitsgefühl kann sich auch auf bestimmte Entitäten im Arbeitsfeld, wie zum Beispiel ein Team, eine Projektgruppe oder Vorgesetzte richten. Die Commitment-Forschung spricht in diesem Zusammenhang von Foci. Unterschieden wird zwischen intrapersonellen Foci, die auf direkte menschliche Beziehungen ausgerichtet sind (Team, Projektgruppe, Vorgesetzte/Führungskräfte) und eher makro-organisationale Foci die auf Organisationsebenen (Abteilung), Karriere, Gesamtorganisation, Gewerkschaften oder die Tätigkeit beziehen (Becker, 2012, S. 137; Klaiber, 2018, S. 29; Vandenberghe, 2009, S. 99). Grundlage dieser Untersuchungen ist, dass Mitarbeitende nicht ein uniformes Commitment-Gefühl haben, sondern dieses von Individuum zu Individuum je nach Focus variiert. Somit können äußere Einflüsse je nach Focus unterschiedliche Einflüsse auf das Commitment-Level und damit verbundene Auswirkungen wie Leistungsbereitschaft haben (Colquitt et al., 2013, S. 65; Roe et al., 2008, S. 134). Die affektive Commitment-Ebene spielt in diesem Zusammenhang eine vordergründige Rolle. Studien in diesem Bereich konnten feststellen, dass sich das Commitment primär in Richtung des unmittelbaren Arbeitsumfelds und nur sekundär in Richtung der Organisation richtet. Daraus lässt sich die Bedeutung der intrapersonellen Beziehungen und Arbeitsumgebungsgestaltung für OC ableiten (Bentein et al., 2002, S. 357).

3.3   Einflussfaktoren organisationalen Commitments

In den vorausgegangenen Darstellungen wurde deutlich, dass die drei Ebenen des Commitments je nach Ausprägung positive wie negative Konsequenzen für Arbeitnehmende und Organisation mit sich bringen können. Umgekehrt stellt sich jedoch die Frage, wie man affektives, kalkulatorisches und normatives Commitment beeinflussen kann, um ggf. gewünschte Resultate in der Organisation zu erzielen. Hierfür werden in der Forschung zahlreiche Einflussfaktoren, sogenannte Antezedenzien (Einflussfaktoren), untersucht. Diese werden in persönliche, Führungs-, Rollen- und Organisationsmerkmale sowie Arbeitscharakteristika unterschieden (Sturm et al., 2011, 143 f.). Dabei haben verschiedene Einflussfaktoren unterschiedliche Auswirkungen auf die drei Dimensionen des OC. Auf eine abschließende Darstellung aller untersuchten Antezedenzien und deren Wirkungsrichtung auf die Ebenen des OC wird mit Blick auf den Rahmen dieses *essentials* verzichtet. Nichtsdestotrotz soll die nachfolgende Darstellung in Tab. 3.1 zumindest einen kurzen Überblick über wesentliche Einflussfaktoren und deren Wirkungsrichtung geben. Die Reihenfolge der aufgeführten Dimensionen

Tab. 3.1 Wirkung verschiedener Einflussfaktoren auf organisationales Commitment

Wirkung verschiedener **Einflussfaktoren auf organisationales Commitments von Mitarbeitenden**
(vgl. Krunov et al., S. 88; Mathieu & Zajac, 1990, 177ff.; Meyer et al., 2002, 37ff.; Welk, 2014, 25ff.; Westphal & Gmür, 2009, 213ff.)

Einflusskategorie	Einflussfaktor	Wirkungsrichtung	Wirkungsebene
Persönlichkeitsmerkmale / individuelle Merkmale	Wertekongruenz (zw. Arbeitnehmenden und Organisation)	Positiv	Affektiv, normativ
	Organisationale Vision	Positiv	Affektiv, normativ
	Subjektives Investment in die Organisation	Positiv	Kalkulatorisch
	Mangelnde Alternativen auf dem Arbeitsmarkt	Positiv	Gesamt
	Alter	Negativ	Kalkulatorisch, affektiv
	Bildung	Positiv	Affektiv
	Selbst wahrgenommene Kompetent	Positiv	Affektiv
	Selbstwirksamkeitserwartung	Positiv	Kalkulatorisch
	Gehalt, finanzielle Anreize	Positiv	Kalkulatorisch, normativ, affektiv
	Organisationsangehörigkeit (Dauer)	Positiv	Kalkulatorisch
	Hohe Arbeitsmoral / christliche Arbeitsethik	Positiv	Gesamt
	Generelles Systemvertrauen	Positiv	Gesamt
	Person-Organisations-Fit	Positiv	Affektiv, normativ
	Gefühlte Abhängigkeit von der Organisation	Positiv	Gesamt
Arbeitsmerkmale/ Organisationsmerkmale	Positive Arbeitsmerkmale (kumulativ)	Positiv	Gesamt
	Organisationnelle Unterstützung	Positiv	Normativ, affektiv
	Organisationale Gerechtigkeit (intrapersonell, distributiv, prozessual)	Positiv	Affektiv, normativ
	Subjektiv positive Wahrnehmung von Führung	Positiv	Affektiv
	Autonomie	Positiv	Gesamt
	Herausfordernde Arbeit	Positiv	Gesamt
	Hohe Stressbelastung	Negativ	Gesamt
	Situationskontrolle (gefährdete)	Negativ	Affektiv
	Unterstützende Personalpolitik	Positiv	Affektiv, normativ
	Partizipation	Positiv	Affektiv, normativ
	Organisationale Sozialisierung	Positiv	Gesamt
	Training	Positiv	Gesamt
Rollenmerkmale	Rollenkonflikte	Negativ	Affektiv
	Rollenambiguität	Negativ	Affektiv
	Rollenüberlastung (role overload)	Negativ	Affektiv
Führungsmerkmale / Team-/ Führungsbeziehungen	Subjektiv positive Wahrnehmung von Führung	Positiv	Affektiv
	Transformationaler Führungsstil	Positiv	Affektiv
	Verdeutlichung der Arbeitsunterdependenz	Positiv	Affektiv
	Initiative, Struktur, Aufmerksamkeit	Positiv	Gesamt
	Partizipativer Führungsstil	Positiv	Gesamt
	Kontakt zum oberen Management	Positiv	Gesamt
	Kommunikation (positive, transparent, zeitnah)	Positiv	Gesamt
	Teamgeist	Positiv	Affektiv, normative

des OC verdeutlicht, welche Ebene gemäß den vorliegenden Studien durch eine Antezedenz am meisten betroffen war. In Fällen, bei denen keine Angaben zu den betroffenen Dimensionen gefunden wurden, wird von einer Gesamtwirkung für das organisationale Verbundenheitsgefühl ausgegangen.

Einzelne Aspekte sollen jedoch über die Darstellung hinaus an dieser Stelle angemerkt werden. Hinsichtlich der Auswirkung demografischer Variablen besteht Uneinigkeit. Es gibt sowohl Studien, die eine moderate Beziehung zwischen Alter, ehelichem Status sowie Geschlecht erkennen, als auch solche, die festgestellte Effekte als marginal betrachten und daher demographische Größen als relevante Faktoren für OC ausschließen (Mathieu & Zajac, 1990, S. 177; Westphal & Gmür, 2009, S. 213). Bedeutend für Organisationen ist die Feststellung, dass die primär zu fördernde Dimension des affektiven Commitments vor allem von der Arbeitsaufgabe, deren Inhalt sowie der wahrgenommenen Führung abgängig ist. Die Steuerung affektiven Commitment liegt klar im Gestaltungsspielraum des Unternehmens bzw. der Organisation, wohingegen normatives und kalkulatorisches Commitment wesentlich schwerer zu adressieren sind (Welk, 2014, S. 28). Mit Hinblick auf die Wirkung der Einflussfaktoren können die höchsten und konsistentesten Beziehungen gerade beim affektiven Commitment aufgezeigt werden (Sturm et al., 2011, S. 144). Dabei ist anzumerken, dass zahlreiche Studien nur kalkulatorische und affektive Verbundenheit untersucht haben (Mathieu & Zajac, 1990, S. 172). Zudem wird festgestellt, dass normatives und affektives Commitment häufig korrelieren, während kalkulatorisches Commitment oft keine Bezüge zu den anderen beiden Dimensionen aufweist bzw. gar eine entgegengesetzte Wirkung entfaltet. Die Studienlage deutet darauf hin, dass kalkulatorisches Commitment tatsächlich primär durch materielle Vorteile der Mitarbeitenden angesteuert werden kann (Westphal & Gmür, 2009, S. 218).

Begeisterung für die eigene Organisation reduziert die Burnout-Gefährdung

4

Wie sich bereits im 2. Kapitel andeutete, besteht zumindest in der Theorie eine enge Verbindung zwischen OC und Burnout bzw. Engagement. Beide Konzepte, sowohl Engagement als Gegenthese zum Burnout als auch OC beschreiben eine positive, reziproke Bindung zur arbeitgebenden Organisation. Daher weisen sie ähnliche Einflussfaktoren und Wirkungen in der Arbeitswelt auf, wenngleich Unterschiede festgestellt werden können (Hallberg & Schaufeli, 2006, S. 120 ff.). Als verbindende Elemente beider Konzepte werden insbesondere die intrinsische motivationale Ebene der Mitarbeitenden sowie die durch die Arbeitsumwelt gesetzten externen Reize gesehen (Freeney & Tiernan, 2006, S. 138). Die Unterscheidung beider Konzepte kann im Wesentlichen damit begründet werden, dass Engagement mit gesundheitlichen Effekten (Schlafstörungen, depressive Symptomatiken) und (mangelnden) gesundheitsförderlichen Maßnahmen auf Arbeit in Verbindung steht. Organisationales Commitment hingegen weist konzeptionell keine direkten Bezüge zu Gesundheitsaspekten auf (Hallberg & Schaufeli, 2006, S. 125). Der Fokus des OC liegt auf der dauerhaften Bindung der Arbeitnehmenden sowie deren Leistungsbereitschaft.

Wenngleich beide Konzepte also sehr ähnlich sind, so ist die wechselseitige Wirkung aus der theoretischen Perspektive zum Teil unklar. Die fehlende Klarheit liegt vor allem an den unsicheren Wirkrichtungen zwischen den einzelnen Ebenen des Commitments (affektiv, kalkulatorisch, normativ) und den Dimensionen des Burnout-Syndroms (emotionale Erschöpfung, Depersonalisierung, Wirksamkeitserleben). Zahlreiche Untersuchungen haben versucht diesen Umstand zu beheben. Dabei spiegelt sich die schwierige konzeptionelle Trennschärfe zwischen arbeitsbezogenem Engagement, Arbeitszufriedenheit und Commitment auch in der empirischen Forschungslage wider. Die Studien, die in diesem Zusammenhang durchgeführt wurden, betreffen – wie zu erwarten war – primär den

K.-H. Fittkau und H. Reinhardt, *Burnout und Commitment*, essentials, https://doi.org/10.1007/978-3-658-41095-7_4

Bereich der helfenden Berufe, also Lehrende, Polizeikräfte und Mitarbeitende im Gesundheits- und Sozialwesen.

Aufgrund der vergleichbaren Wirkrichtung kann grundsätzlich davon ausgegangen werden, dass hohes OC negativ mit der Ausprägung des Burnout-Syndroms korreliert. Hohe organisationale Bindung führt demnach zu geringerem Auftreten von Burnout in einer Organisation. Zahlreiche Studien scheinen diesen Zusammenhang zu belegen. Bei einer Untersuchung von Angehörigen der litauischen Feuerwehr konnte ein signifikanter negativer Zusammenhang zwischen OC und Burnout festgestellt werden. Je geringer das OC der Untersuchten war, umso höhere Risiken für das Entwickeln eines Burnout-Syndroms wiesen diese auf (Milkintaitė, 2015, S. 46). Eine zwischen 2013 und 2014 in Deutschland durchgeführte Studie bei 2400 sozialversicherungspflichtigen Beschäftigten zeigte ebenfalls ein signifikant geringeres OC bei Befragten mit hohem Burnout-Risiko. Dabei konnte festgestellt werden, dass die Einflussfaktoren bzw. Ursachen für fehlendes OC und Burnout in der untersuchten Gruppe nahezu identisch waren (Burkhardt, 2018, S. 3 f.). Eine Untersuchung bei 173 türkischen Grund- und Mittelschullehrenden zeigte ebenfalls, dass Studienteilnehmende mit hohen Burnout-Ausprägungen signifikant niedrigeres OC aufwiesen (Akdemir, 2019, S. 175). Solche Ergebnisse konnten bei einer Reihe weiterer Untersuchungen bestätigt werden (Bhowmick & Mulla, 2021, S. 251; Nasir & Ahmed, 2019, S. 219 f.; Zapantis et al., 2017, S. 53 f.).

Weitere Studien belegen den theoretisierten negativen Zusammenhang zwischen Burnout und OC, zeigen gleichzeitig aber die Notwendigkeit einer nuancierten Betrachtung der verschiedenen Subdimensionen beider Konzepte an. Kotzé (2020, S. 24 f.) untersuchte beispielsweise die Verbindungen zwischen affektivem OC, Lebenszufriedenheit, Konflikten zwischen Arbeit- und Privatleben sowie emotionaler Erschöpfung und Zynismus (Depersonalisierung) bei 212 südafrikanischen Arbeitnehmenden im öffentlichen und privaten Sektor. Dabei konnte sie feststellen, dass gesteigerter Zynismus affektives OC der Befragten verringert. Für emotionale Erschöpfung konnte ein solcher Zusammenhang jedoch nicht belegt werden. Die Untersuchung rumänischer Arbeitnehmender zeigte, dass die professionelle Leistungsfähigkeit bzw. hohes individuelles Wirksamkeitserleben der Befragten stark mit dem affektiven Commitment und zumindest in mittlerer Ausprägung mit normativem Commitment korrelierte. Kalkulatorisches Commitment hatte hingegen keine Auswirkung auf diese Burnout-Dimension (Tanculescu-Popa, 2020, S. 142). Zumindest die deutliche Beziehung zwischen hohem affektiven Commitment und hoher professioneller Leistung (Wirksamkeitsempfinden) konnte auch durch eine Studie zur niederländischen Polizei bestätigt werden (van Gelderen & Bik, 2016, S. 215).

Einige Untersuchungen deuten sogar die entgegengesetzte Wirkung verschiedener Commitment-Ebenen auf Burnout an. Lambert et al. (2018, S. 93 ff.) stellten bei ihrer Untersuchung von 827 indischen Polizeibeamten fest, dass hohes affektives Commitment das Wirksamkeitsempfinden der Befragten verstärkte und somit zumindest einer Burnout-Dimension entgegenwirkt. Es konnte jedoch kein Zusammenhang zu emotionaler Erschöpfung und Depersonalisierung aufgezeigt werden. Hingegen war kalkulatorisches Commitment signifikant positiv mit Depersonalisierung und emotionaler Erschöpfung verbunden. Hohes kalkulatorisches Commitment fördert demnach das Burnout-Risiko. Diese Ergebnisse decken sich zum Teil mit den Untersuchungen von Garland et al. (2014, S. 1171 f.). Diese befragten 160 Mitarbeitende einer privaten Jugendstrafanstalt in den Vereinigten Staaten hinsichtlich ihres Burnouts und Commitments. Hierbei wurde festgestellt, dass affektives Commitment negativ mit allen drei Dimensionen des Burnout-Syndroms korreliert. D. h. Mitarbeitende mit hohem affektiven Commitment zeigten in signifikantem Ausmaß geringere Erschöpfung und Depersonalisierung sowie höheres Leistungsempfinden. Kalkulatorisches Commitment hingegen hatte den gegenteiligen Effekt bei allen drei Burnout-Ausprägungen. Das Forscherteam erkannte, dass es Mitarbeitende der Haftanstalt gab, die das ausgeprägte Gefühl hatten, ein besonderes Investment in die Einrichtung eingebracht zu haben, welches verloren wäre, wenn sie die Arbeitsstelle verließen (kalkulatorisches Commitment). Diese Mitarbeitende fühlten sich in besonderer Weise erschöpft, hatten den Eindruck keinen positiven Einfluss zu haben und distanzierten sich emotional von Kollegen, Kolleginnen sowie Inhaftierten. Mitarbeitende der Haftanstalt, die sich mit der Einrichtung besonders verbunden fühlten, berichteten entgegengesetzte Eindrücke. Daraus kann geschlossen werden, dass affektives Commitment gefördert werden muss, um Burnout zu vermeiden. Kalkulatorisches Commitment ist hingegen aus organisatorischer Sicht nicht wünschenswert.

Weitere Untersuchungen legen die negative Korrelation zwischen OC und Burnout aufgrund der Untersuchung relevanter Mediatorenvariablen nahe. Lenzi et al. konnten bei einer transnationalen europäischen Untersuchung im Bereich der Arbeit mit Obdachlosen feststellen, dass durch gezieltes Training und die Förderung individueller Fähigkeiten das Burnout-Risiko bei gleichzeitiger Steigerung des Arbeitsengagements gesenkt werden kann. Die Autoren selbst sehen hierbei eine Verbindung zwischen Engagement und OC und deuten somit auf die positive Wirkung des Trainings und der individuellen Förderung auf die Bindung zur arbeitgebenden Organisation hin (Lenzi et al., 2021, S. 221 ff.). Darüber hinaus zeigte eine Studie unter US-amerikanischen und israelischen Arbeitnehmenden, dass hohe individuelle Leistungsbereitschaft, die

mit starkem affektivem OC assoziiert wird, zu signifikant verminderter Ausprägung von Burnout führt (Rabenu et al., 2021, S. 4838). Eine Studie 255
indischer Hochschullehrer an der Jammu Universität zeigte in einem ersten
Untersuchungsschritt, dass hohe Ausprägungen der drei Ebenen des Burnout-
Syndroms die Jobzufriedenheit der Befragten negativ beeinflussen. Die vermin-
derte Jobzufriedenheit konnte wiederum in einem zweiten Schritt mit einem
verringertem OC in Verbindung gebracht werden. So kann Burnout das OC über
die Variable der Jobzufriedenheit negativ beeinflussen (Nagar, 2012, S. 55). Die
Befragung von 1315 taiwanesischen Polizisten konnte darüber hinaus den negativen Zusammenhang zwischen Burnout bedingenden Stressoren am Arbeitsplatz
und affektiven Commitment festhalten (Kuo, 2015, S. 50).

Neben den bereits angedeuteten Burnout-fördernden Auswirkungen von kalkulatorischen Commitment fanden auch vereinzelte weitere Studien eine positive
Korrelation zwischen Formen des Commitments und Burnout. Violanti et al.
(2018, S. 447 f.) konnten zeigen, dass eine extreme Ausprägung des OC, so
genanntes Overcommitment, zu einer erhöhten Burnout-Gefährdung in allen drei
Dimensionen führt. Overcommitment bezeichnet dabei ein Persönlichkeitsver-
halten, dass durch ein gesteigertes Bedürfnis nach Anerkennung und Achtung,
das Verlangen Kontrolle über das Arbeitsumfeld sowie die Unfähigkeit, sich von
Arbeit zurückzuziehen gekennzeichnet wird. Darüber hinaus stellte Habib (2020,
S. 74 f.) bei einer Untersuchung 200 indischer Hauptschullehrender fest, dass eine
signifikant positive Korrelation zwischen OC und Burnout besteht. Sowohl die
von der Autorin gezogenen Schlüsse als auch Erklärungsansätze und Herleitung
sind in der Veröffentlichung jedoch nicht zwingend konkludent. Die Aussagekraft
der Studie wird vor diesem Hintergrund als zumindest eingeschränkt betrachtet.
Mit Ausnahme dieser beiden Studien, von der sich eine auf eine extreme geson-
derte Form von Commitment bezieht und die andere zumindest eine fragwürdige
Zuverlässigkeit zeigt, konnten keine empirischen Untersuchungen festgestellt
werden, die eine positive Gesamtkorrelation für Burnout und OC belegen.

Insgesamt wird offensichtlich, dass OC und Burnout in ihrer konzeptionellen
Gesamtheit tatsächlich negativ korrelieren. Die theoretischen Überlegungen zu
beiden Konzepten werden somit weitgehend gestützt. Diese Erkenntnisse müssen
jedoch insofern eingeschränkt werden, als dass hohes kalkulatorisches Commitment eher förderlich für Burnout zu sein scheint. Die für Organisationen
wünschenswerteste und zu fördernde Form des affektiven Commitments hingegen scheint auf allen drei Ebenen dem Burnout entgegenzustehen. Die Effekte
des normativen Commitments sind zu wenig untersucht, um eindeutige Aussagen
zu dieser Ebene zu treffen. Gleichwohl scheint dieses Commitment zumindest
in einem gewissen Ausmaß eine negative Verbindung mit dem Burnout-Syndrom

aufzuweisen. Wenngleich einige der dargelegten Studien Wirkrichtungen zwischen beiden Konzepten impliziert haben, kann jedoch keine eindeutige Aussage getroffen werden, ob Burnout das OC verringert oder umgekehrt (insbesondere affektives) Commitment vorbeugend gegen das Burnout-Syndrom wirkt. Letztlich sind aufgrund der ähnlichen Einflussfaktoren und Folgen beider Konstrukte Wechselwirkungen zu erwarten.

Was Sie aus diesem *essential* mitnehmen können

- Einen komprimierten Überblick über das Phänomen Burnout, über seine Ursachen und Risikofaktoren sowie auch über seinen Verlauf
- Wie erkennt man Burnout und wie unterscheidet sich Burnout von einer Depression
- Eine individuelle Diagnose ist Ärzten vorbehalten; gleichwohl bekommen Sie als Führungskraft ein Gefühl dafür, wie man kritische Erschöpfungszustände der eigenen Beschäftigten identifizieren kann
- Sie erkennen die Vielschichtigkeit von Commitment und erlangen Wissen über mögliche Einflussfaktoren organisationalen Commitments; die aktuelle Forschungslage können Sie zusammenfassend tabellarisch zur Kenntnis nehmen
- Affektives organisationales Commitment wirkt Burnout-Gefährdungen entgegen; die Gefahren von Overcommitment und ausschließlichem kalkulatorischem Commitment sind Ihnen bekannt und geben Ihnen die Möglichkeit einer differenzierten Betrachtung des Zusammenhangs von Burnout und Commitment

K.-H. Fittkau und H. Reinhardt, *Burnout und Commitment*, essentials, https://doi.org/10.1007/978-3-658-41095-7

Literatur

Ahola, K., & Hakanen, J. (2014). *Burnout and health* (S. 10–31). Burnout at work: A psychological perspective. Psychology Press.

Ahola, K., Honkonen, T., Isometsä, E., Kalimo, R., Nykyri, E., Koskinen, S., et al. (2006). Burnout in the general population. *Social psychiatry and psychiatric epidemiology, 41*(1), 11–17.

Akdemir, Ö. A. (2019). The effect of teacher burnout on organizational commitment in Turkish context. *Journal of Education and Training Studies, 7*(4), 171–179.

Allen, N. J., & Meyer, J. P. (1990). The measurement and antecedents of affective, continuance and normative commitment to the organization. *Journal of occupational psychology, 63*(1), 1–18.

Badura, B., Ducki, A., Schröder, H., Klose, J., & Meyer, M. (Hrsg.). (2020). *Fehlzeiten-Report 2020: Gerechtigkeit und Gesundheit.* Springer Berlin/Heidelberg.

Bakker, A. B., Demerouti, E., & Schaufeli, W. B. (2002). Validation of the Maslach burnout inventory-general survey: An internet study. *Anxiety, Stress & Coping, 15*(3), 2–33.

Bakker, A. B., Schaufeli, W. B., Leiter, M. P., & Taris, T. W. (2008). Work engagement: An emerging concept in occupational health psychology. *Work & Stress, 22*(3), 187–200.

Bakker, A. B., Schaufeli, W. B., & van Dierendonck, D. (2000). Burnout: Prevalentie, risicogroepen en risicofactoren. Verfügbar unter:https://www.academia.edu/23463466/Bur nout_prevalentie_risicogroepen_en_risicofactoren.

Bas, B. (2021). *Krise – Wandel – Aufbruch. Zahlen, Daten, Fakten* (BKK Gesundheitsreport, Bd. 2021). Medizinisch Wissenschaftliche Verlagsgesellschaft.

Baumann, A., Cernavin, O., Frost, M., Georg, A., Große, K., Hasselmann, O. et al. (2018). Betriebliche Prävention 4.0. In *Prävention 4.0* (S. 231–268). Springer.

Beard, A. (Autor), 15.12.2020. *Why Burnout Happens — and How Bosses Can Help, Interview with Christina Maslach,* Harvard Business Review (Podcast). https://hbr.org/pod cast/2020/12/why-burnout-happens-and-how-bosses-can-help.

Becker, H. S. (1960). Notes on the concept of commitment. *American journal of Sociology, 66*(1), 32–40.

Becker, T. E. (2012). Interpersonal commitments. In *Commitment in organizations* (S. 157–198). Routledge.

Beerlage, I. (2008). *Netzwerk psychosoziale Notfallversorgung, Umsetzungsrahmenpläne* (Forschung im Bevölkerungsschutz, 1, 3). Bundesamt für Bevölkerungsschutz und Katastrophenhilfe.

K.-H. Fittkau und H. Reinhardt, *Burnout und Commitment*, essentials, https://doi.org/10.1007/978-3-658-41095-7

Bentein, K., Stinglhamber, F., & Vandenberghe, C. (2002). Organization-, supervisor-, and workgroup-directed commitments and citizenship behaviours: A comparison of models. *European Journal of work and organizational Psychology, 11*(3), 341–362.

Berg, S. (2019). WHO adds burnout to ICD-11. What it means for physicians. *American Medical Association, Physician Health. July.*

Bergner, T. M. H. (2010). *Burnout-Prävention: Sich selbst helfen; das 12-Stufen-Programm; mit 27 Tests und 95 Übungen sowie 29 Tabellen.* Schattauer Verlag.

Bernstein, C. A. (2020). Stress, Burnout, and Depression in Graduate Medical Education. *The Permanente journal, 24,* 7–8. https://doi.org/10.7812/TPP/20.030.8

Bhowmick, S., & Mulla, Z. (2021). Who gets burnout and when? The role of personality, job control, and organizational identification in predicting burnout among police officers. *Journal of Police and Criminal Psychology, 36*(2), 243–255.

Boersma, K., & Lindblom, K. (2009). Stability and change in burnout profiles over time: A prospective study in the working population. *Work & Stress, 23*(3), 264–283.

Brenninkmeijer, V., VanYperen, N., & Buunk, B. P. (2001). I am not a better teacher, but others are doing worse: Burnout and perceptions of superiority among teachers. *Social psychology of education, 4*(3), 259–274.

Buchanan, B. (1972). *Building organizational commitment: The socialization of managers in work organizations.* Yale University.

Burisch, M. (2014). *Das Burnout-Syndrom. Theorie der Inneren Erschöpfung – Zahlreiche Fallbeispiele – Hilfen Zur Selbsthilfe* (5. Aufl.). Springer.

Burkhardt, A. (2018). *Organisationales Commitment Burnout-gefährdeter Mitarbeiter in Unternehmen in Deutschland.* Working Paper. https://nbn-resolving.org/urn:nbn:de:bsz:ofb1-opus4-30378.

Cartwright, S., & Cooper, C. L. (2009). *The oxford handbook of organizational well-being.* Oxford Handbooks.

Cherniss, C. (1980a). *Professional burnout in human service organizations.* Greenwood.

Cherniss, C. (1980b). *Staff burnout: Job stress in the human services.*

Cherniss, C. (1982). *Burnout: Two ways of defining it and their implications.*

Cohrdes, C., Hapke, U., Nübel, J., & Thom, J. (2022). *Erkennen-Bewerten-Handeln. Schwerpunktbericht zur psychischen Gesundheit der Bevölkerung in Deutschland. Teil 1–Erwachsenenalter:* Robert Koch-Institut.

Colquitt, J. A., LePine, J. A., & Wesson, M. J. (2013). *Organizational behavior. Improving performance and commitment in the workplace* (3. Aufl.). McGraw-Hill Irwin.

Cordes, C. L., & Dougherty, T. W. (1993). A review and an integration of research on job burnout. *Academy of management review, 18*(4), 621–656.

Cordes, C. L., Dougherty, T. W., & Blumf, M. (1997). Patterns of burnout among managers and professionals: A comparison of models. *Journal of organizational behavior, 18*(6), 685–701.

DAK. (2019). *Psychoreport, Entwicklung der psychischen Erkrankungen im Job. Langzeitanalyse: 1997– 2018.*

David Harrison, W. (1980). Role strain and burnout in child-protective service workers. *Social Service Review, 54*(1), 31–44.

Demerouti, E., Bakker, A. B., Vardakou, I., & Kantas, A. (2003). The convergent validity of two burnout instruments: A multitrait-multimethod analysis. *European Journal of Psychological Assessment, 19*(1), 12–23, https://doi.org/10.1027//1015-5759.19.1.12

Eagly, A. H., & Wood, W. (1982). Inferred sex differences in status as a determinant of gender stereotypes about social influence. *Journal of personality and social psychology, 43*(5), 915–928.

Elsässer, J., & Sauer, K. E. (2016). *Burnout in sozialen Berufen: öffentliche Wahrnehmung, persönliche Betroffenheit, professioneller Umgang.* Springer-Verlag.

Engebretsen, K. M. (2018). Suffering without a medical diagnosis. A critical view on the biomedical attitudes towards persons suffering from burnout and the implications for medical care. *Journal of Evaluation in Clinical Practice, 24*(5), 1150–1157. https://doi.org/10.1111/jep.12986.

Enzmann, D., & Kleiber, D. (1989). *Helfer-Leiden.* Asanger.

Esser, V. (2016). *Gender und Burnout: Erlebte Gerechtigkeit bei Männern und Frauen im Berufs- und Privatleben.* Springer-Verlag.

Felfe, J. (2008). *Mitarbeiterbindung.* Hogrefe Verlag.

Felfe, J., Yan, W., & Six, B. (2008). The impact of individual collectivism on commitment and its influence on organizational citizenship behaviour and turnover in three countries. *International Journal of Cross-Cultural Management, 8*(2), 211–237.

Freeney, Y., & Tiernan, J. (2006). Employee engagement: An overview of the literature on the proposed antithesis to burnout. *The Irish Journal of Psychology, 27*(3–4), 130–141.

Freudenberger, H. J. (1974). Staff burn-out. *Journal of Social Issues, 30*(1), 159–165. https://doi.org/10.1111/j.1540-4560.1974.tb00706.x.

Freudenberger, H. J. (1977). Burn-out: The organizational menace. *Training & Development Journal,* 26–27.

Freudenberger, H. J. (1986). The issues of staff burnout in therapeutic communities. *Journal of psychoactive drugs, 18*(3), 247–251.

Freudenberger, H. J., & North, G. (1985). *Women's burnout.* Doubleday.

Ganster, D. C., & Rosen, C. C. (2013). Work stress and employee health: A multidisciplinary review. *Journal of management, 39*(5), 1085–1122.

Garland, B., Lambert, E. G., Hogan, N. L., Kim, B., & Kelley, T. (2014). The relationship of affective and continuance organizational commitment with correctional staff occupational burnout: A partial replication and expansion study. *Criminal Justice and Behavior, 41*(10), 1161–1177.

Gerken, H. K. (2012). Exit, voice, and disloyalty. *Duke LJ, 62,* 1349–1386.

Golembiewski, R. T., Munzenrider, R., & Carter, D. (1983). Phases of progressive burnout and their work site covariants: Critical issues in OD research and praxis. *The Journal of applied behavioral science, 19*(4), 461–481.

Guditus, C. W. (1981). Staff burnout: Job stress in the human services cary cherniss Beverly hills, California: Sage publications, 1980, 199 pp. *Journal of Teacher Education, 32*(4), 55–56. https://doi.org/10.1177/002248718103200418.

Habib, H. (2020). Organizational commitment among secondary school teachers in relation to job burnout. *Shanlax International Journal of Education, 8*(3), 72–76.

Halbesleben, J. R. B., & Demerouti, E. (2005). The construct validity of an alternative measure of burnout: Investigating the English translation of the Oldenburg Burnout Inventory. *Work & Stress, 19*(3), 208–220.

Hallberg, U. E., & Schaufeli, W. B. (2006). "Same same" but different? Can work engagement be discriminated from job involvement and organizational commitment? *European psychologist, 11*(2), 119–127.

Han, B.-C. (2015). The burnout society. In (Hrsg.), *The burnout society* (S. 35–51). Stanford University Press.

Hapke, U., Maske, U. E., Scheidt-Nave, C., Bode, L., Schlack, R., & Busch, M. A. (2013). Chronischer Stress bei Erwachsenen in Deutschland. *Bundesgesundheitsblatt-Gesundheitsforschung-Gesundheitsschutz, 56*(5), 749–754.

Hättenschwiler, J., Seifritz, E., Holsboer-Trachsler, E., Hemmeter, U. M., Keck, M. E., & Preisig, M. (2012). Burnout. *PrimaryCare, 12*(18), 353–358.

Hedderich, I. (1997). *Burnout bei Sonderschullehrerinnen und Sonderschullehrern: Eine vergleichende empirische Untersuchung, durchgeführt in Schulen für Körperbehinderte und in Hauptschulen, auf der Grundlage des Maslach-Burnout-Inventory*. Ed. Marhold.

Heidler, P. (2019). Burnout und die Folgen für das Gesundheitswesen. *Sprachkompetenz in der Wissenschaft Language Competence in the Science, 8*–18.

Jayarathna, D. Y. (2016). Organizational commitment: A case in academia. *International Journal of Academic Research and Development, 1*(7), 40–45.

Johnson, J. L., Oliffe, J. L., Kelly, M. T., Galdas, P., & Ogrodniczuk, J. S. (2012). Men's discourses of help-seeking in the context of depression. *Sociology of Health & Illness, 34*(3), 345–361. https://doi.org/10.1111/j.1467-9566.2011.01372.x.

Kalimo, R., Pahkin, K., Mutanen, P., & Topipinen-Tanner, S. (2003). Staying well or burning out at work: Work characteristics and personal resources as long-term predictors. *Work & Stress, 17*(2), 109–122.

von Känel, R. (2008). Das Burnout-Syndrom: Eine medizinische Perspektive. *Praxis, 97*(9), 477–487.

Kapfhammer, H. P. (2012). Burnout. *Der Internist, 53*(11), 1276–1288.

Kaschka, W. P., Korczak, D., & Broich, K. (2011). Modediagnose Burn-out. *Deutsches Ärzteblatt. International, 108*(46), 781–787. https://doi.org/10.3238/arztebl.2011.0781.

Keck, M. E. (2016). *Patientenratgeber Burnout*. https://professorkeck.de/wp-content/upl oads/2019/09/Burnout-Broschuere-V5.pdf Zugegriffen: 10. Mai 2022.

Kessler, E. H. (2013). *Encyclopedia of management theory*. Sage Publications.

Keupp, H. (2009). Psychische Störungen und Psychotherapie in der spätmodernen Gesellschaft. *Psychotherapeut, 54*(2), 130–138.

Klaiber, S. (2018). Organisationales commitment. In *Organisationales Commitment* (S. 25–53). Springer.

Klein, H. J. (Hrsg.). (2009). *Commitment in organizations. Accumulated wisdom and new directions (The organizational frontiers series)*. Routledge.

Kliner, K. (Hrsg.). (2015). *Gesundheit in Regionen – Blickpunkt Psyche* (BKK Gesundheitsatlas, Bd. 2015). MMV-Medizinisch Wissenschaftliche Verlagsgesellschaft.

Korczak, D., Huber, B., & Kister, C. (2010). Differentialdiagnostik des Burnout-Syndroms. *DIMDI*. https://doi.org/10.3205/hta000087L.

Kotzé, M. (2020). Components of burnout as mediators of the influence of work-home conflict on organisational commitment and satisfaction with life. *Management Dynamics: Journal of the Southern African Institute for Management Scientists, 29*(1), 17–29.

Kraus, R. & Woschée, R. (2012). Commitment und Identifikation mit Projekten. In *Angewandte Psychologie für das Projektmanagement* (S. 187–206). Springer.

Kristensen, T. S., Borritz, M., Villadsen, E., & Christensen, K. B. (2005). The Copenhagen Burnout Inventory: A new tool for the assessment of burnout. *Work & Stress, 19*(3), 192–207.

Krumov, K., Hristova, P., Krumova, A., & Novkova, J. Stress, Stressors and Organizational Commitment. *Human Resources, Leadership and Organizational Management* (1), 73–93.

Kübler, H.-D. (2009). *Mythos Wissensgesellschaft: Gesellschaftlicher Wandel zwischen Information.* Springer.

Kuo, S.-Y. (2015). Occupational stress, job satisfaction, and affective commitment to policing among Taiwanese police officers. *Police quarterly, 18*(1), 27–54.

Kutz, A. (2018). *Double-Bind-Kommunikation als Burnout-Ursache.* Springer.

Lambert, E. G., Qureshi, H., Frank, J., Klahm, C., & Smith, B. (2018). Job stress, job involvement, job satisfaction, and organizational commitment and their associations with job burnout among Indian police officers: A research note. *Journal of Police and Criminal Psychology, 33*(2), 85–99.

Lazarus, R. S., & Folkman, S. (1984). *Stress, appraisal, and coping.* Springer publishing company.

Leiter, M. P., & Maslach, C. (1988). The impact of interpersonal environment on burnout and organizational commitment. *Journal of organizational behavior, 9*(4), 297–308.

Leiter, M. P., & Maslach, C. (2016). Latent burnout profiles: A new approach to understanding the burnout experience. *Burnout Research, 3*(4), 89–100.

Lenzi, M., Santinello, M., Gaboardi, M., Disperati, F., Vieno, A., Calcagnì, A., et al. (2021). Factors associated with providers' work engagement and burnout in homeless services: A cross-national study. *American Journal of Community Psychology, 67*(1–2), 220–236.

Lindblom, K. M., Linton, S. J., Fedeli, C., & Bryngelsson, I.-L. (2006). Burnout in the working population: Relations to psychosocial work factors. *International journal of behavioral medicine, 13*(1), 51–59.

Litzcke, S. M., & Schuh, H. (2010). *Stress.* Springer-Verlag.

Marschall, J., Hildebrandt, S., Gerb, J., & Nolting, H. (2021). *DAK Gesundheitsreport 2021: Coronakrise und Digitalisierung.* Medhochzwei Verlag.

Martocchio, J. J., & O'Leary, A. M. (1989). Sex differences in occupational stress: A meta-analytic review. *Journal of applied psychology, 74*(3), 495–501.

Maslach, C. (1982). Understanding burnout: Definitional issues in analyzing. WS Paine (Hrsg.), *job stres and burnout: research, theory, and intervention perspectives.* Sage Publications.

Maslach, C. (1998). A multidimensional theory of burnout. *Theories of organizational stress,* 68–85.

Maslach, C. (2003). *Burnout: The cost of caring.* Prentice-Hall.

Maslach, C., & Jackson, S. E. (1981). The measurement of experienced burnout. *Journal of organizational behavior, 2*(2), 99–113.

Maslach, C., & Jackson, S. E. (1982). Burnout in health professions: A social psychological analysis. *Social Psychology of health and illness,* 227–251.

Maslach, C., Jackson, S. E., Leiter, M. P., Schaufeli, W. B., & Schwab, R. L. (2016). *Maslach Burnout Inventory. Manual and Non-Reproducible Instrument and Scoring Guides* (3. Aufl.). Mindgarden.

Maslach, C., Leiter, M. P., & Schaufeli, W. B. (2009). Measuring Burnout. In S. Cartwright & C. L. Cooper (Hrsg.), *The Oxford handbook of organizational Well-being* (S. 86–108). Oxford University Press. https://doi.org/10.1093/oxfordhb/9780199211913.001.0001.

Maslach, C., & Schaufeli, W. B. (1993). Historical and conceptual development of burnout. In W. B. Schaufeli, C. Maslach, & T. Marek (Hrsg.), *Professional burnout. Recent developments in theory and research* (Routledge library editions. Human resource management, Bd. 33, 1. Aufl., S. 1–16). Routledge Taylor & Francis Group. https://doi.org/10.4324/9781315227979-1.

Maslach, C., Schaufeli, W. B., & Leiter, M. P. (2001). Job burnout. *Annual review of psychology, 52*(1), 397–422.

Mathieu, J. E., & Kohler, S. S. (1990). A test of the interactive effects of organizational commitment and job involvement on various types of absence. *Journal of vocational behavior, 36*(1), 33–44.

Mathieu, J. E., & Zajac, D. M. (1990). A review and meta-analysis of the antecedents, correlates, and consequences of organizational commitment. *Psychological bulletin, 108*(2), 171.

McCarty, W. P., Schuck, A., & Rossenbaum, D. (2011). Police stress, burnout, and health. *National Institute of Justice.* 7 Seiten.

Mendel, W. M. (1979). Staff burn-out: Diagnosis, treatment, and prevention. *New Directions for Mental Health Services, 1979*(2), 75–83.

Meyer, J. P., & Allen, N. J. (1984). Testing the "side-bet theory" of organizational commitment: Some methodological considerations. *Journal of applied psychology, 69*(3), 372–378.

Meyer, J. P., & Allen, N. J. (1991). A three-component conceptualization of organizational commitment. *Human resource management review, 1*(1), 61–89.

Meyer, J. P., Allen, N. J., & Gellatly, I. R. (1990). Affective and continuance commitment to the organization: Evaluation of measures and analysis of concurrent and time-lagged relations. *Journal of applied psychology, 75*(6), 710–720.

Meyer, J. P., Allen, N. J., & Smith, C. A. (1993). Commitment to organizations and occupations: Extension and test of a three-component conceptualization. *Journal of applied psychology, 78*(4), 538–551.

Meyer, J. P., Stanley, D. J., Herscovitch, L., & Topolnytsky, L. (2002). Affective, continuance, and normative commitment to the organization: A meta-analysis of antecedents, correlates, and consequences. *Journal of vocational behavior, 61*(1), 20–52.

Meyer, M., Wiegand, S., & Schenkel, A. (2020). Krankheitsbedingte Fehlzeiten in der deutschen Wirtschaft im Jahr 2019. In B. Badura, A. Ducki, H. Schröder, J. Klose, & M. Meyer (Hrsg.), *Fehlzeiten-Report 2020: Gerechtigkeit und Gesundheit* (S. 365–444). Springer. https://doi.org/10.1007/978-3-662-61524-9_23

Milkintaitė, L. (2015). The relation between personal traits, organisational commitment and burnout at work. *Signum Temporis: Journal of pedagogy & psychology [elektroninis išteklius], 8,* 44–49.

Nagar, K. (2012). Organizational commitment and job satisfaction among teachers during times of burnout. *Vikalpa, 37*(2), 43–60.

Nasir, F., & Ahmed, R. R. (2019). Organizational commitment and job burnout effect on turnover intention among private hospitals in Karachi. *Journal of Independent Studies & Research: Management & Social Sciences & Economics, 17*(2), 204–225. https://doi.org/10.31384/jisrmsse/2019.17.2.13

Nerdinger. (2019). *Arbeits- und Organisationspsychologie.* Springer.

Pines, A. M., Aronson, E., Kafry, D., & Pines, A. M. (1983). *Ausgebrannt: Vom Überdruß zur Selbstentfaltung*. Klett-Cotta.

Pundt, A. (2010). *Beteiligungskultur und veränderungsbezogene Einstellungen der Mitarbeiter: Entwicklung und Prüfung*. Rainer Hampp Verlag.

Purvanova, R. K., & Muros, J. P. (2010). Gender differences in burnout: A meta-analysis. *Journal of vocational behavior, 77*(2), 168–185.

Rabenu, E., Shkoler, O., Lebron, M. J., & Tabak, F. (2021). Heavy-work investment, job engagement, managerial role, person-organization value congruence, and burnout: A moderated-mediation analysis in USA and Israel. *Current Psychology, 40*(10), 4825–4842.

Radosavljević, Ž., Ćilerdžić, V., & Dragić, M. (2017). Employee organizational commitment. *International Review, 1–2*, 18–26.

Raff, T., Wombacher, J., Samuel, O., & Thorrold, C. (2021). Gehen oder Bleiben? – Commitment zu unterschiedlichen Zeitpunkten des Berufseinstiegs und der Einfluss auf die Wechselabsicht. *Zeitschrift für Arbeitswissenschaft, 75*(3), 337–348.

Rein, M. L., & Keck, M. E. (2017). Macht Stress krank? *Swiss Archives of Neurology, Psychiatry and Psychotherapy*, (6), 165–169. https://doi.org/10.4414/sanp.2017.00521

Reiter, T. (2020). Korrelation zwischen existenzieller Motivation & Burnout: Eine empirische Studie. *SFU-Forschungsbulletin*, 76–91.

Roe, R. A., Solinger, O., & van Olffen, W. (2008). Shaping organizational commitment. *The Sage handbook of organizational behavior, 2*, 130–149.

Roelofs, J., Verbraak, M., Keijsers, G. P. J., de Bruin, M. B. N., & Schmidt, A. J. M. (2005). Psychometric properties of a Dutch version of the Maslach Burnout Inventory general survey (MBI-DV) in individuals with and without clinical burnout. *Stress and Health: Journal of the International Society for the Investigation of Stress, 21*(1), 17–25.

Sanz, A. (2011). Das Etappenmodell der Burnout-Entwicklung im Team. *Fengler, J., Sanz, A. Ausgebrannte Arbeitsteams–Burnout Prävention und Salutogenese* (S. 42–58). Klett-Cotta.

Savicki, V., & Cooley, E. (1983). Theoretical and research considerations of burnout. *Children and Youth Services Review, 5*(3), 227–238.

Schaufeli, W. B., & van Dierendonck, D. (2000). *UBOS – Utrechtse Burnout Schaal; Handleiding [Manual of the Dutch version of Maslach Burnout Inventory]*. Swets and Zeitlinger.

Schaufeli, W. B. (2021). The burnout enigma solved? *Scandinavian Journal of Work, Environment & Health, 47*(3), 169–170.

Schaufeli, W. B., & Enzmann, D. (1998). *The burnout companion to study and practice: A critical analysis*. CRC Press.

Schaufeli, W. B., van Dierendonck, D., & van Gorp, K. (1996). Burnout and reciprocity: Towards a dual-level social exchange model. *Work & Stress, 10*(3), 225–237.

Schaufeli, W. B., Salanova, M., & González-Romá, V. (2002). The measurement of engagement and Burnout: A two sample confirmatory factor analytic approach. *Journal of Happiness Studies, 3*, 71–92. https://doi.org/10.1023/A:1015630930326.

Scherrmann, U. (2015). *Stress und burnout in organisationen: Ein Praxisbuch für Führungskräfte, personalentwickler und berater*. Springer-Verlag.

Schmidbauer, W. (2018). *Die hilflosen Helfer: über die seelische Problematik der helfenden Berufe*. Rowohlt Verlag GmbH.

Schneglberger, J. (2010). *Burnout-Prävention unter psychodynamischem Aspekt.* Springer.

Schneider, F., Härter, M., & Schorr, S. (2017). *S3-leitlinie/nationale versorgungsleitlinie unipolare depression.* Springer-Verlag.

Schuler, R. S. (1980). Definition and conceptualization of stress in organizations. *Organizational behavior and human performance, 25*(2), 184–215.

Schwab, R. L., & Iwanicki, E. F. (1981). The effect of role conflict and role ambiguity on perceived levels of teacher burnout.

Schwazer, J. (2019). *Burnout in Teams: Ursachenanalyse und Ableitung von Vorbeugungsmaßnahmen.* Springer-Verlag.

Seidler, Z. E., Dawes, A. J., Rice, S. M., Oliffe, J. L., & Dhillon, H. M. (2016). The role of masculinity in men's help-seeking for depression: A systematic review. *Clinical Psychology Review, 49,* 106–118. https://doi.org/10.1016/j.cpr.2016.09.002.

Sendera, A., & Sendera, M. (2013). *Trauma und Burnout in helfenden Berufen.* Springer.

Siegrist, J. (2013). Berufliche Gratifikationskrisen und depressive Störungen. *Der Nervenarzt, 84*(1), 33–37.

Sievers, C., Repschläger, V. U., Schulte, C., & Sievers, C. (2021). ICD-11: Mehr als nur ein Update. *Gesundheitswesen Aktuell,* 96–124.

Soeling, P. D., Aulia, M. I. I., & Indriati, F. (2021). Predictors of Organizational Commitment. *Journal of Southwest Jiaotong University, 56*(2). https://doi.org/10.35741/issn. 0258-2724.56.2.46

Solinger, O. N., van Olffen, W., & Roe, R. A. (2008). Beyond the three-component model of organizational commitment. *Journal of applied psychology, 93*(1), 70–83. https://doi. org/10.1037/0021-9010.93.1.70

Stebbins, R. A. (1970). On misunderstanding the concept of commitment: A theoretical clarification. *Social Forces,* 526–529.

Sturm, A., Opterbeck, I., & Gurt, J. (2011). *Organisationspsychologie.* Springer.

Sullivan, R. C. (1979). The burn-out syndrome. *Journal of Autism and Developmental Disorders, 9*(1), 112–126.

Tanculescu-Popa, L. (2020). Equal, but so much different: Examining socio-demographic differences of the employees in relation to organizational commitment, burnout and intention to leave. *Psihologia Resurselor Umane, 18*(2). https://doi.org/10.24837/pru.v18 i2.477

Tedstone Doherty, D., & Kartalova-O'Doherty, Y. (2010). Gender and self-reported mental health problems: Predictors of help seeking from a general practitioner. *British Journal of Health Psychology, 15*(Pt 1), 213–228. https://doi.org/10.1348/135910709X457423

Thalhammer, M., & Paulitsch, K. (2014). Burnout–eine sinnvolle Diagnose? Kritische Überlegungen zu einem populären Begriff. *neuropsychiatrie, 28*(3), 151–159.

Torres-Vences, I. N., Pérez-Campos Mayoral, E., Mayoral, M., Pérez-Campos, E. L., Martínez-Cruz, M., Torres-Bravo, I., et al. (2022). Burnout syndrome and related factors in Mexican police workforces. *International journal of environmental research and public health, 19*(9), 1–13.

Unger, H.-P., & Kleinschmidt, C. (2009). *Bevor der Job krank macht: Wie uns die heutige Arbeitswelt in die seelische Erschöpfung treibt-und was man dagegen tun kann.* Kösel-Verlag.

Van Dick, R. (2004). *Commitment und Identifikation mit Organisationen.* Hogrefe Göttingen.

Van Elst, D., & Meurs, D. (2015). Positive management: The relationship between the psychological contract, employee engagement and organisational commitment. *Journal of Positive Management, 6*(4), 39–52.

Van Gelderen, B. R., & Bik, L. W. (2016). Affective organizational commitment, work engagement and service performance among police officers. *Policing: An International Journal of Police Strategies & Management,* 206–221.

Vandenberghe, C. (2009). Organizational commitments. In *Commitment in organizations* (S. 120–156). Routledge.

Violanti, J. M., Mnatsakanova, A., Andrew, M. E., Allison, P., Gu, J. K., & Fekedulegn, D. (2018). Effort–reward imbalance and overcommitment at work: Associations with police burnout. *Police quarterly, 21*(4), 440–460.

Waadt, M., & Acker, J. (2013). *Burnout. Mit Akzeptanz und Achtsamkeit den Teufelskreis durchbrechen* (Verlag Hans Huber Psychologie, 1. Aufl.). Huber. http://www.socialnet. de/rezensionen/isbn.php?isbn=978-3-456-85082-5.

Waeldin, S., & Vogt, D. (2015). *Krank im Job: Burnout und die Folgen.* Eigenverlag.

Welk, S. (2014). *Die Bedeutung von Führung für die Bindung von Mitarbeitern: Ein Vergleich unterschiedlicher Führungsstile im Kontext der Generation Y.* Springer-Verlag.

Westphal, A., & Gmür, M. (2009). Organisationales Commitment und seine Einflussfaktoren: Eine qualitative Metaanalyse. *Journal für Betriebswirtschaft, 59*(4), 201–229.

WHO (2019): Burn-out an "occupational phenomenon": International classification of diseases. https://www.who.int/mental_health/evidence/burn-out/en/.

Withey, M. J., & Cooper, W. H. (1989). Predicting exit, voice, loyalty, and neglect. *Administrative science quarterly,* 521–539.

Zapantis, G., Skordoulis, M., Chalikias, M., Drosos, D., & Papagrigoriou, A. (2017). Measuring the impact of burnout on job satisfaction and organizational commitment. In *Strategic Innovative Marketing* (S. 51–55). Springer.

Printed in the United States
by Baker & Taylor Publisher Services